中國政治制度史綱

嚴耕望／撰

上海古籍出版社

圖書在版編目(CIP)數據

中國政治制度史綱. 嚴耕望撰. -上海：上海古籍出版社, 2013.12（2025.9 重印）
ISBN 978-7-5325-7124-6

Ⅰ. ①中… Ⅱ. ①嚴… Ⅲ. ①政治制度史—中國
Ⅳ. ①D69

中國版本圖書館 CIP 數據核字(2013)第 261316 號

中國政治制度史綱
嚴耕望 撰

上海古籍出版社 出版、發行
（上海市閔行區號景路159弄1-5號A座5F 郵政編碼 201101）
（1）網址: www. guji. com .cn
（2）E-mail: gujil@ guji. com. cn
（3）易文網網址: www. ewen. co
上海市崇明县裕安印刷厂印刷
開本 890×1240 1/32 印張 9.125 插頁 5 字數 171,000
2013年12月第1版 2025年9月第13次印刷
印數: 21,551—23,650

ISBN 978-7-5325-7124-6
K·1825 定價:29.00 元

目録

緒論

一、釋名

人不能離開國體而生存。有國體就必須有組織。組織必賴有一定的規則，俾群衆能遵行，以維護這些組織！執行這些規則必有適當的機構。國家是一個大人群，要有個大機構來管理；這類大機構稱為政府。政府的組織及其職權的運用與人事安排，就是政治制度。

國家要有機構去管理，這是必然性；但稱為「政治制度」則為偶然性。中山先生曰「政」就是衆人的事，「治」就是管理，管理衆人的事，就是「政治」。但「政治」一詞似乎比較後起，大約是日本人的譯名，中國古人似乎名為「經濟」，如稱某人有經濟之才，謂有經國濟世之才。

「制度」一詞在中國古籍中出現較早，如易云「節以制度」，其作用在「節」字，所以制度也可說是約束社會人群行動的共同規則。

二、範圍

（1）廣義的政治制度：國家體制、政府組織、人才任用，以及法律、教育、經濟、財政、軍政、社會……制度均可包括在內。

中國古代觀念即如此，如通典所包括的範圍。

（2）狹義的政治制度：只限於國家體制、政府組織與人才任用。中國歷史上，國家制度變化較少，故可講者也較少，目前一般注重在政府組織與人才任用。

三、中國制度史講授的意義

自然科學——工程建設——方法可以向他人借取。

社會科學——社會建設，政治建設——方法比較難以移接借取。因為有自己的歷史傳統與地理環境等因素。

（1）要瞭解現在中國的政治制度，創造未來的政治制度，必先瞭解中國過去的政治制度。

（2）中國廣土衆民，歷史悠久。其統治的制度又有所長，可以擇善承傳。

（3）幫助瞭解歷史。

A．中國史學傳統，特重政治。一部廿五史大半為政治史。政治史包括政事與政制，政制即為政事演變之結晶。

B．史書人名、官名最多，不能瞭解這些，無法看懂史文，其中尤以官制變化多，最難懂。

歷代官制是一種極複雜的歷史現象，要瞭解政治大事，必須瞭解官制的内容。舉「霍光為大司馬大將軍領尚書事」為例。

四、官制演變的規則

（1）小臣由親近君主而掌權（由宫官到府官）→地位增高為大臣→大臣位高而疏遠，因此漸漸失權。

（2）官與職的合一與分離。

（3）動詞習久為名詞：

宰　相　守　侍中　給事中　尚書　司馬　通判　平章事

（4）組織名號，愈後愈複雜。

後代複雜，其故有二：

其一：事由簡趨繁。

其二：舊官不廢，新官滋生。

官、職、散官、勳、賜

例如：輔政大臣——（殷商）保傅→（西周）司徒、司馬、司空→（秦漢）丞相、太尉、御史大夫→（隋唐）三省長官→（唐後期、兩宋）同中書門下平章事

五、講述計劃

（1）以漢、唐兩典型為中心。

（2）先秦略講，注意政體演變與官制要點。

（3）魏晉南北朝注重於由秦漢型蛻變為隋唐典型之過程。

（4）兩宋以下，不脫漢、唐兩型，但亦各有特點：

宋代注重於中央政府、地方政府之組織原則——以下層分權之方式達成上層集權之目的。

（5）明、清制度唯一特點：君主獨裁專制，為本時代講述中心，其他組織運用原則不脱漢、唐、宋之舊軌。

（6）從政事看制度，不專著眼於死的規章。

第一編　上古政治制度

第一章　史前氏族聯盟的部落國家前期

原始民主政體——堯、舜禪讓。

堯的繼承人是舜，不是堯子丹朱。

舜的繼承人是禹，不是舜子商均。

儒家——以為堯、舜禪讓是公天下，是讓賢。按：此乃美化古人，以為托古之依據。

曹丕（法家？）——以為舜、禹篡奪，如曹氏篡劉。按：此乃醜化古人，為篡奪作解。

事實上此兩種說法皆歪曲事實，堯、舜禪讓可認為是一種原始民主制度。

（1）近代對於原始民族的社會調查，例如北美印第安人，見莫爾甘（L. H. MORGAN）古代社會（*Ancient Society*）。

（2）中國邊疆民族史上之實例：

例一：烏丸

三國志 烏丸傳裴注引魏書：

「烏丸者東胡也……常推募勇健能理決鬥訟相侵犯者為大人，邑落各有小帥，不世繼也。數百千落自為一部……」

例二：契丹

五代史記卷七二四夷附録契丹目，略云：契丹部族本分八部，常推一大人建旗鼓以統八部。後八部衆强，以旗鼓立其次而代之。久之(發現以次代，不得賢)，八部選於衆，以阿保機代之。阿保機有才略，多攻略漢人，依唐州縣置城以居之。漢人教阿保機曰：「中國之王無代立者。」於是阿保機以威制諸部而不肯代。其立九年，諸部共責誚之。不得已傳其旗鼓，但求自為一部治漢城，諸部許之。漢城地有鹽鐵之利，乃後魏滑鹽縣也，且可植五穀。阿保機告諸部曰，我有鹽池，諸部所食。後諸部來會，阿保機伏兵盡殺諸部大人，遂自立不復代。

例三：蒙古

蒙古有「庫利爾臺」(Khuriltai)制度，議決國家重大事件：第一選舉「合罕」，第二出征外國，第三頒布法令。成吉思汗(鐵木真)前數世已見有此制。鐵木真擊敗競争者札木合之後，以選舉形式即位，其後太宗、定宗、憲宗亦由此方式選舉出來。自世祖忽必烈自立之後（也具大會形式）此制漸壞，但未廢棄。

選舉合罕，多由現任合罕指定一人或二三人之名（提名）再集會選舉，所提名之人不一定為自己之子，但總為王族有力人員。

第二章　殷商政治制度

——氏族聯盟的部落國家後期、貴族統治的開始

一、殷商時代的氏族部落

貴族統治應可説始自夏代，但無文字信史，今姑不論。殷商仍非一個統一國家，大抵仍為氏族聯盟制，但氏族聯盟的盟長由殷族子姓一氏的子弟所承襲，稱為王，王對於本盟中的氏族可命令指揮。殷虚書契前編曰：

「令多子族衆（及）犬侯寇周。」

又：

「今……從蒙侯虎伐鬼方。」

此一聯盟究有多少氏族自不可知，但為周氏族聯盟所敗之後，聯盟瓦解，有些被周王命令遷徙到各地方，據左傳定公四年條：

魯公伯禽以殷民六族封於魯：條氏、徐氏、蕭氏、索氏、長勺氏、尾勺氏。

康叔以殷民七族封於殷墟：陶氏、施氏、繁氏、錡氏、樊氏、饑氏、終葵氏。

由此可知殷商聯盟中的氏族必極多。

二、盟主（王）繼承制——子族兄終弟及制

殷氏族重視横的世代層，同一世代層的兄弟身份相同，故祖輩諸祖均為祖，父輩諸父均為父，尚無伯叔之別，所以祭祀崇拜為祖先，諸祖諸父相同，不如後代重視直系的關係。

殷墟書契後編26：

「祖辛一牛，祖甲一牛，祖丁一牛。」

同上25：

「父甲一牡，父庚一牡，父辛一牡。」

此兩條諸父完全一樣，但保炭南仰出土三件兵器，其銘如下：

其一曰：

「大祖曰己，祖曰乙，祖曰庚，祖曰丁，祖曰己，祖曰巳。」

其二曰：

「祖曰乙，大父曰癸，大父曰癸，中父曰癸，父曰癸，父曰辛，父曰己。」

其三曰：

「大兄曰乙，兄曰戊，兄曰壬，兄曰癸，兄曰癸，兄曰丙。」

（王國維殷周制度論引）

王氏以為：「無上下貴賤之別，但祖有大祖，父有大父中父，兄有大兄，是已有分別，當進一步討論。」

重視横的世代層，故其繼承制以「兄終弟及」為原則，無弟乃傳子。王氏殷周制度論曰：

「商之繼統法，以弟為主，而以子繼輔之。無弟然後傳子……其以子繼父者，亦非兄之子，而多為弟之子。」（觀堂集林卷一〇史林二）

此論甚是。然據殷本紀，自湯至武丁凡二十一傳，其中傳弟者十一，傳子者六，傳姪者四；武丁以後凡八傳，其中傳弟者二，傳子者六，是最後五世（庚丁、武乙、太丁、帝乙、帝辛）

皆父子相傳，則殷代後期已漸形成父子繼承制，傳弟已成例外。

三、官司組織

（1）師保。

本為長老制度，對嗣王盡監護之職。後演成太保、太師、太傅三師官。

商書太甲：

「既往背師保之訓。」

商書微子：

「父師少師，殷其弗或亂正四方。」

下文屢稱父師、少師。

（2）卿士大夫。

卜辭中有「卿士寮」。

竹書紀年武丁元年：

「命卿士甘盤。」

周書牧誓：

「今商王受……乃惟四方之多罪逋逃是崇是長，是信是使，是以為大夫卿士。」

稱「寮」必不只一人。

（3）卜巫。

甲骨文中所見之卜人極多，如卜旅、卜游、卜即、卜黄……「巫」在卜辭中象舞蹈之形，殷代名臣，如巫咸、巫賢，都是大巫。

周書君奭：

「公曰：君奭！我聞在昔，成湯既受命，時則有若伊尹，格于皇天；在太甲，時則有若保衡；在太戊，時則有若伊陟、臣扈，格于上帝，巫咸乂王家；在祖乙，時則有若巫賢；在武丁，時則有若甘盤。率惟茲有陳保乂有殷，故殷禮陟配天，多歷年所。」

（4）冢宰。

商書伊訓：

「惟元祀十有二月乙丑，伊尹祠于先王。奉嗣王，祇見厥祖。侯甸群后咸在，百官總己以聽冢宰。」

又周書 洪範：

「八政：一曰食，二曰貨，三曰祀，四曰司空，五曰司徒，六曰司寇，七曰賓，八曰師。」

按：洪範傳為箕子所傳，但卜辭中不見司徒、司空、司寇及賓之官。

（5）其他百官。

伊尹有「百官總己以聽」之語。

周書 酒誥：

「惟殷之迪諸臣百工（官）乃湎于酒。」

是殷代已有百官之稱，組織已相當繁複。

第三章　西周政治制度

——宗法社會的封建國家周室統治廣土衆民之兩大基本政策：封建與宗法

一、封建制度

（1）封建情形。

在西周以前有若干分封的情形，詩商頌殷武：「命于下國，封建厥福。」是殷已有封建。

A．分封對象——以封親戚為主，承認土著為輔。

西周封建諸侯以姬姓為主，如魯、衛、晉、虞、蔡、曹、滕、虢、祭、凡、邢、芮之類。

左傳昭公二十八年：

「武王克商，光有天下，其兄弟之國者十有五人，姬姓之國者四十人，皆舉親也。」

左傳僖公二十四年，襄王將以狄伐鄭，富辰諫曰：「昔周公弔二叔之不咸，故封建親戚以藩屏周：管、蔡、郕、霍、魯、衛、毛、聃、郜、雍、曹、滕、畢、原、酆、郇，文之昭也；邘、晉、應、韓，武之穆也；凡、蔣、邢、茅、胙、祭，周公之胤也。」

世婚之族次之。如齊、申、許。

B. 封建方法——錫之土地、人民及其地位，加以誥訓，指導其統治之政策。

左傳卷二七定公四年：

「子魚曰：『昔武王克商，成王定之，選建明德，以藩屏周。……分魯公以大路、大旂，夏后氏之璜，封父之繁弱，殷民六族：條氏、徐氏、蕭氏、索氏、長勺氏、尾勺氏，使率其宗氏，輯其分族，將其類醜，以法則周公。……分之土田陪敦，祝、宗、卜、史，備物、典策，官司、彝器，因商奄之民，命以伯禽，而封於少皞之虛。分康叔以大路、少帛、綪茷、旃旌、大呂，殷民七族：陶氏、施氏、繁氏、錡氏、樊氏、饑氏、終葵氏，封畛土略，自武父以南，及圃田之北竟，取於有閻之土，以共王職，取於相土之東都，以會王之東蒐。聃季授土，陶叔授民，命以康誥，而封於殷虛，皆啟以商政，疆以周索。分唐叔以大路、密須之鼓、闕鞏、沽洗，懷姓九宗(杜注：唐之餘民。即夏之餘民)，職官五正，命以唐誥，而封於夏虛，啟以夏政，疆以戎索。』」

新中國的考古收獲所記宜侯簋内容，可與此條相印證。

C．封國總數。

鹽鐵論三輕重：

「御史曰：『周之建國也，蓋千八百諸侯。』」

漢書賈山傳：

「昔者周千八百國。」

禮記王制正義引五經異義公羊說：

「殷三千諸侯，周千八百諸侯。」

按：孟子滕文公篇上：「今滕絶長補短，方五十里。」呂覽慎勢篇：「海上有十里之諸侯。」各只是一小部落，故可千數百。

（2）王室與諸侯之關係。

A．諸侯對於王室要朝覲納貢。如齊桓公伐楚的口實為「苞茅不入，王祭不共，無以縮酒」。但遠方來貢，王亦分之於諸侯（看顧頡剛史林雜識）。

B．王得在諸侯國中設命卿——通說大國三人，中國二人，小國一人。

王制云：「大國三卿皆命於天子。……次國三卿，二卿命於天子，一卿命於其君。……小國二卿皆命於其君。」注云：「小國亦三卿，一卿命於天子，二卿命於其君。此文似脱誤耳。」

按：王制又云：「小國之上卿，位當大國之下卿，中當其上大夫，下當其下大夫。」則鄭注之説是也（看呂思勉先秦史第十四章）。

左傳卷一二成公二年，晉敗齊：「晉侯使鞏朔獻齊捷于周……王……辭焉曰……今叔父克遂，有功于齊，而不使命卿鎮撫王室，所使來撫余一人，而鞏伯實來，未有職司於王室。」杜注：「鞏朔，上軍大夫非命卿，名位不達於王室。」

左傳卷五僖公十二年：「齊侯使管夷吾平戎于王……王以上卿之禮饗管仲。管仲辭曰：臣賤有司也，有天子之二守國、高在。若節春秋，來承王命，何以禮焉？陪臣敢辭。……受下卿之禮而還。」

C．諸侯若參政王室，可為卿士。

左傳隱公三年：「鄭武公、莊公為平王卿士。」又隱公八年：「夏，虢公忌父始作卿士于周。」又九年：「鄭伯為王左卿士。」

同書卷一五襄公十年：「單靖公為卿士，以相王室。」

二、宗法制度

土地分封給諸侯，軍事力量又寄之於部族，為了統制諸侯諸氏族，乃有所謂宗法之制。宗法就是利用血緣關係造成一種政治統制的系統。徐復觀曰：「宗法本是以氏族社會為基礎所發展起來的。」（參看徐復觀兩漢思想史 西周政治社會的結構性格問題）

（1）嫡長繼承制。

確定立嫡長制，立子以嫡不以長，立嫡以長不以賢。使繼承次序有絕對客觀標準，毫無疑問，無爭議之餘地。但在列國並不與周室相同，魯一生一及，曹無定制，楚少子繼承制，秦擇勇猛者。

（2）大宗小宗統隸之關係。

禮記卷一〇大傳篇云：（按：此處舉諸侯為例）

「別子為祖（注：別子謂公子，若始來在國者後世以為祖也），繼別為宗（注：別子之世適也，族人尊之，謂之大宗，是宗子也），繼禰者為小宗（注：父之適也，兄弟尊之，謂之小宗）。有百世不遷之宗，有五世則遷之宗。百世不遷者，別子之後也，宗其繼別子之所自出者，百世不遷者也；宗其繼高祖者，五世則遷者也（注：遷猶變易也。小宗四，與大宗凡五)。」

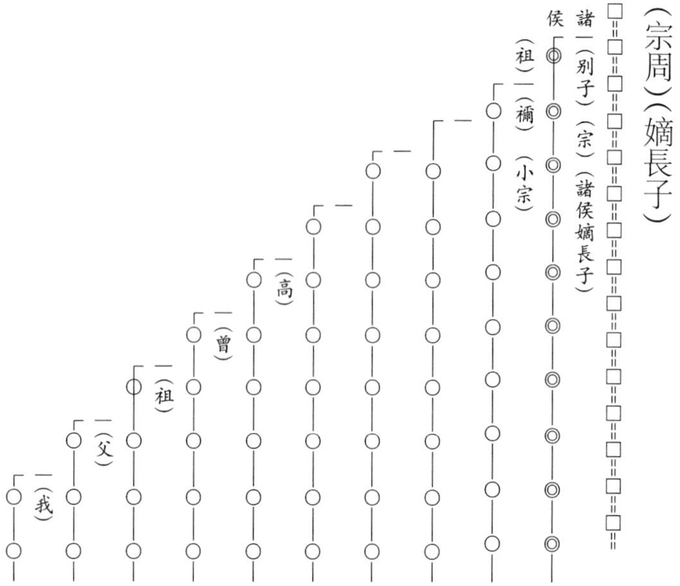

此為宗法組織臆測圖，各人當宗事五人，即本人高祖、曾祖、祖父，父親之正嫡（嫡長子）與大宗之宗子。故謂小宗四，與大宗凡五。

總之，周王室為最大最基本之大宗，故稱「宗周」；諸侯、卿大夫對上而言，各自為小宗；對下而言，則各自為大宗。如周公在魯為大宗，在周則為小宗。

（3）宗周，謂宗主之周室也。天下之大宗，有宗主權。

此一名詞常見於金文，如：

周寶鐘：

「王對作周寶鐘。」

史頌鼎：

「王在宗周。」

獻侯鼎：

「唯成王大𠦪在宗周。」

（4）宗法在政治上之運用——利用血緣關係之宗法制度加强政治上的統治。大宗有維護小宗的責任，小宗有支持和聽命於大宗的義務。

A．軍隊以宗族為基礎。各級貴族有由其宗族成員與私屬人員所組成的軍隊。因為宗法關係，宗族軍隊須聽命於宗主。

B．講究同姓同宗間之關係——宗族特權。

盟：「周之宗盟，異姓為後。」

喪：「凡諸侯之喪，異姓臨于外，同姓于宗廟，同宗于祖廟，同族于禰廟。」

用人：以「親親」、「貴貴」為選任標準，與「用人唯才」完全相反，若「棄親用羈」，則為宗族所不容。

C．以宗法血緣關係推之於異姓血緣關係，因為「同姓不婚制」與「貴族內婚制」之影響，造成姬姓與諸異姓貴族皆有婚姻關係，故周天子稱同姓諸侯為伯父叔父，稱異姓諸侯為伯舅叔舅。

在封建與宗法兩種制度相結合的統治下，周民族雖然分散在廣大區域，但能團結成為一貴族社會，這些貴族君臨各地居民之上，用城邑控制散住在鄉野的一般人民。

三、宗廟與王政

初民本重神機，一切大事皆取決於神。祖先崇拜尤為中國古代傳統的基本信仰，周既以宗法制度作為維繫政權的工具，所以宗廟尤見其重要性，同宗一切大事皆於宗廟行之。

（1）宗廟之意義。

說文：「宗，尊，祖廟也。从宀从示。」按：宀，象宗廟之形，示，象徵所住神主。

沈子簋：「作于□周公宗。」此宗即廟。「廟」即「朝」，廟堂為舉行大典之場所，與朝廷一般。

趞鼎：「王各于大朝。」按：各，格，感通也。此即祭於祖廟，而字作「朝」，知朝即廟。

（2）大政決定或頒行多在宗廟宣布。在廟中所進行的儀式如：

A．册命。金文中常見。

B．獻俘受賞。左傳襄公十年，晉侯以偪陽子歸，獻於武宮（武宮即晉始祖武公之廟）。國之大事在於祀與戎，如虢季子白盤所載。

C．結盟。

D．出師告廟。

E．受命，授兵。帥師者受命於廟。鄭伐許，授兵於大宮。故古代稱戰略為「廟算」、「廟謀」。

F．其他。

古代常言「廟謀」、「廟算」，因戰略等大事均在廟中謀劃的。中古以後，太廟只是帝王祭祀之地而已，一切事不在廟中決定。

四、王朝職官

周王室已有相當完整的行政機構。周書 蔡仲之命曰：「惟周公位冢宰，正百工。」謂有冢宰統百官，百官名稱 立政篇所見最多。（尚書卷一〇）

（1）師保。

周公為太保，見 召誥。旅獒曰：「太保乃作旅獒，用訓于王。」康誥曰：「太保率西方諸侯入應門左。」「太公為太師」，「以表東海」。見左傳 襄公十四年。

（2）卿士。

見周書 蔡仲之命、顧命，詩 常武等。金文或作卿事。又如 令彝有卿士寮；毛公鼎：「及茲卿士寮太史寮，于父即尹。」云寮，當非一人，左傳 隱公九年：「鄭伯為王左卿士。」是有左右之分。卿為秩位，亦即職官，古代爵位與職官尚未分化。

（3）六官。

即隋、唐後之六部。周禮中有天、地、春、夏、秋、冬官，雖不太可信，但真有此官。

A．冢宰、太宰。

蔡仲之命：「周公位冢宰，正百工。」詩十月之交：「家伯冢宰。」左傳昭公四年謂周公為太宰。金文中只稱「宰」，不冠「冢」、「太」字。

B．宗伯。

見孟姜壺。而周書顧命篇：「太保、太史、太宗皆麻冕彤裳。太保承介圭，上宗奉同瑁，由阼階隮……上宗曰饗。」此即周禮宗伯掌禮之職。

C．司徒。

常見典籍，如周書立政有司徒、司馬、司空。牧誓、梓材，亦有司徒、司馬、司空三者並見。金文作「𤔲土」。如𢦏毀：「王曰，𢦏，命汝𤔲土，官𤔲耤田。」周禮：「司徒掌邦教，敷五典，擾兆民。」

D．司馬。

典籍屢見。金文作「𤔲馬」。周禮云：「司馬掌邦政，統六師，平邦國。」

按：司徒、司馬之職掌常有關係，無大的分別，很難分清。

E．司空。

典籍屢見。周禮云：「司空掌邦土，居四民，時地利。」

F．司寇。

周書 立政：「周公若曰，太史、司寇蘇公，式敬爾由獄……以列用中罰。」金文作「𤔲寇」。周禮云：「司寇掌邦禁，詰姦慝，刑暴亂。」

（4）史。

有太史、內史、卜史之官，作册等，掌册命事。

（5）祝、卜。

（6）左右僕隸。

如膳夫（一作善夫，周王的廚師），侍御，群僕，僕有大正（在政治上發生作用）。周書冏命：

「穆王命伯冏為周太僕正，作冏命。……昔在文武，聰明齊聖……其侍御僕從罔非正人……今予命汝作大正，正于群僕侍御之臣。」

（7）武衛。

周書 立政有虎賁。師寰𣪘：「今余命汝率齊帀……及左右虎臣征淮夷。」

五、世官

西周居官世襲者不少。一個人做一生的官（封建時代時常有的特徵），有的還傳給兒子。

舀鼎：

「王若曰，舀！命女更乃祖考𤔲卜事。」

師虎𣪘：

「王若曰，虘！先王既命乃祖考事啻官，𤔲左右戲、緐、荊。今余唯師先王命，命女更乃祖考官，𤔲左右戲、緐、荊。」

左傳 襄公十四年：

「王使劉定公賜齊侯命曰：『世胙大師，以表東海。』」

至春秋世仍有世官。中古後就沒有了，為官有任期，若干年為一任。

第四章　春秋列國政治制度

一、春秋政治狀況

（1）整個時代的一般狀況。

A．霸政與會盟　周王室衰微，政治、軍事上有力之諸侯代之而起，但仍以尊周室為號召，成立聯盟，即所謂霸政。霸政最大之作用在攘夷，因為其時北方之戎人，南方之楚人皆向中原進逼，中原華夏民族若不能組織起來共同抵禦，即不能生存。霸政與會盟分不開，經傳所見參與會盟之國凡三十四，如齊、晉、魯、宋、衛、陳、蔡、鄭、曹、許、杞、莒、紀、滕、薛、邾、邢、江、黃、燕、秦、楚、吳、鄧等，絕大多數在黃河中下游。就春秋經文所記，前後會盟凡二百零六次，左傳所記稍有出入。

B．政權之逐步下移——由公族鬥争至異姓卿大夫執政　諸侯之國本以公族為輔，與公室相依而存。此時宗法體系已不能維繫，公族發展往往强過諸侯（公室），如魯之三桓；或者諸侯滅去公族，但異姓卿大夫仍然發展為强大勢力，如晉、齊，終至田氏篡齊，三家分晉。

總之，西周末至春秋前期，王室政權降落到强大諸侯；春秋後期，諸侯政權又降落到卿大夫之家。（如魯之降落到公族卿大夫，齊、晉降落到異姓卿大夫。）

（2）齊國

莊公以下凡十八傳至平公，其傳子者九，傳弟者五，餘為從兄弟或伯叔。其傳弟或其他，皆經過鬥争。因齊始終未建立起嫡長繼承制，故常有内亂。陳國田敬仲奔齊，羈仕為卿大夫，漸漸乘機取得政權，終至篡齊。

（3）晉國

晉國公室與公族（群公子）常因政争互相殘殺，至獻公八年「冬，晉侯盡殺群公子」（左傳莊公二十五年），晉遂無公族。及成公即位，乃立卿（異姓卿）之「適子」、「餘子」、「庶子」為「公族」、「餘子」、「公行」（見左傳宣公二年）。自此異姓公族日强，把持朝政，甚至晉侯廢立亦操於卿大夫之手。左傳昭公五年記楚薳啟彊述晉之私家（異姓公族）狀況云：

「韓起之下，趙成、中行吴、魏舒、范鞅、知盈；羊舌肸之下，祁午、張趯、籍談、女齊、梁丙、張骼、輔躒、苗賁皇：皆諸侯之選也。」

當諸侯之公族尚弱時，公室（晉侯）尚能控制；公族呈均勢時，公室尚能保持其地位；及公族勢力不平衡時，公室統治之地位便難存在。以上諸公族相互併滅，如韓、趙、魏、中行、智、范六家；其後魏、趙二家共滅范氏、中行氏；魏、趙、韓三家又共滅智氏，形成三國鼎立，終至三家分晉。

（4）魯國

公羊莊公三十二年：

「叔牙曰：『一繼一及，魯之常也。』」

此為一特別繼承法，觀魯莊公以前世系，果然。魯國政治多由三桓掌握（桓公為入春秋後第二君），三桓之中尤以季氏最常為正卿，主魯政。公室（魯侯）無實權。

（5）楚國

中原諸國大體趨向於長子制，而楚國則行少子繼承制。

左傳文公元年，子上曰：「楚國之舉，恒在少者。」又昭公十三年，晉叔向曰：「芈姓有亂，必季實立，楚之常也。」

觀史記楚世家，果然。此為母系氏族社會之遺習。然楚國公族極強，令尹之官多以公子為之，或為王之同母兄弟或為庶兄弟，權力極大，故王權不强。

（6）秦國

秦國前期，「擇勇猛者而立之」（何休說）。觀秦本紀大體為父子世襲制，蓋擇諸子中之勇猛者，但庶長之職，權力極大。商鞅變法，改庶長為爵制（或許本為爵），宗室非有軍功論不得屬籍，而引用客卿主政，公族始衰，君權得以伸張。

二、春秋列國職官制度

華夏諸國（秦、楚除外）有通制，而大多數國家又各有特制。

通制：

有司徒、司馬、司空、司寇，蓋亦有宗伯；

有史、祝；

有師、傅；

命官多曰人、曰正。

此通制大體與周王朝之職官略同。或許列國初封皆承用王朝官制。

就魯國而言有下列諸官：

司徒、司馬、司空、司寇、宗伯；

太宰、左宰、右宰；

傅、太師（樂師之長）、少師；

太史、太祝；

司宫、司鐸、司曆；

馬正、少正、燧正、工正、賈正；

卜人、府人、虞人、宰人、校人、饔人、圉人、行人等。

按：此與周王朝相同，亦大體為華夏諸國皆有之制。

其他華夏諸國，除通制外，又各有其特別官制，秦、楚更與華夏諸國不同。分述如下：

（1）齊國

齊之特別為相。左傳僖公二十四年，晉寺人云，齊侯使管仲相。

左傳襄公二十五年，崔杼立景公而相之，慶封為左相。

（2）晉國

晉文公以前蓋略與周王朝同，如獻公時士蔿為大司空，實主國政。自文公被廬之蒐以後（左傳僖公二十七年）作中、上、下三軍，各有將有佐，合為六卿。將中軍者，常主國政，於是內政與軍令合一，制度大變。其後增新中、上、下軍，故有十二卿。

（3）鄭國

左傳襄公十年：

「子駟當國，子國為司馬，子耳為司空，子孔為司徒。」又云子孔當國。是三司之上置「當國」，為新制，又有為政、聽政等名目。

（4）宋國

宋制有通制之司徒、司馬、司城、司寇、左師、右師、太宰等官，皆為卿，可為政。但左傳哀公二十六年云：

「於是皇緩為右師，皇非我為大司馬，皇懷為司徒，靈不緩為左師，樂茷為司城，樂朱鉏為大司寇。六卿三族降聽政（注：三族皇、靈、樂也；降，和同也），因大尹以達。大尹常不告，而以其欲稱君命以令，國人惡之。」

官名加「大」為稱者，蓋宋為商裔，特自尊之。三族居舊官，蓋常與公室對立，公室為對抗公族，欲奪其權，故別置大尹主政，是新的特制也。謂之尹者，蓋宋南近楚，受楚國影響。

（5）楚國

以尹名官，如令尹、左尹、右尹、沈尹、連尹、工尹、寢尹、卜尹、縣尹等。令尹為上卿，主國政；大司馬總軍賦。又有左司馬、右司馬。官制與中原華夏諸國異。

（6）秦國

不甚詳，以大庶長主政。

春秋列國官制總結：中原通制有司徒、司馬、司空、司寇、史、祝、師、傅等官，命官多曰人。其特制：齊有相，晉有軍將，宋有大尹，鄭有當國，楚有令尹，秦有大庶長。秦、楚兩國蓋自始與王朝異，與中原諸侯異。華夏諸國，其始大抵多相類，以司徒、司馬、司空等為最高級官輔政。其後公室與公族鬥爭，公室欲奪公族之權，乃於司徒、司馬、司空等之上別置名目以輔政，故各國不同。惟魯國公室衰微，政在公族之三桓，三桓以舊制掌國政（如司徒、司馬、司空），故一直維持舊制，未於舊制上另立新官。蓋新官本為公室用之以奪公族之權者。

三、世官

春秋時代，官位世襲之舊制仍保存。

左傳僖公二十年：

「魚氏世為左師。」

左傳襄公二十五年，魯大夫崔杼弒莊公，太史書曰崔杼弒其君，崔子殺之。其弟嗣書而死者二人。其弟又書，乃舍之。

第五章　戰國政治制度

一、中國政制史之重要轉變期

（1）由貴族世官之封建國家過渡到官僚組織的集權國家——新型國家政府之成立。

新政府產生之方式有兩種途徑：

A．公室衰微，卿大夫由執政而篡奪，成為新的國家與政府，如田氏篡齊與三家分晉。

B．公室振作，引用非貴族之士人，消滅公族，成為新的君主集權政府，如秦之變法成功，燕之大量招用士人。楚悼王亦曾變法，圖剷除公族，但失敗了。

（2）由貴族成員之武士軍隊過渡到徵兵制的農民軍隊。

古代只有貴族始有從軍特權，戰國徵兵，論功行賞，不論身分。

春秋時代仍以貴族軍為基礎，如城濮之戰，晉用中軍公族；鄢陵之戰，楚用中軍王族。至趙簡子誓衆云：「克敵者，上大夫，受縣；下大夫，受郡；士，田十萬；庶人工商，遂；人臣隸圉，免（遂謂得士進，免謂去廝役）。」此已見軍隊分子較複雜，庶人、奴隸因用兵得鼓勵與解放。貴族軍隊，規模必然小，故春秋大戰，動員不過三、五萬人，但戰國戰争動員通常皆數十萬，多至百萬。長平之戰，秦俘趙卒即達四十萬，此非募兵之農民軍隊不足應付。

（3）貴族特權之漸破除與保護平民之法制的建立。

春秋後期已因政治社會的不穩定，有建立法制的需要。

左傳昭公六年，鄭國執政子産「鑄刑書」。

左傳昭公二十九年，晉「鑄刑鼎」。

左傳定公九年，鄭國鄧析「作竹刑」。

封建時，禮不下庶人，刑不上大夫。貴族以禮治，對庶民始用刑，亦無成文條例，故貴族享有特權，可隨意處罰平民。有了成文法律，既可加强最高統治者（君主）的地位，同時貴族不得隨意壓迫平民，亦即擡高平民地位，而削弱貴族地位。至戰國，法律觀念加强，魏李悝作法經，商鞅受之以相秦，其他各國亦多變法，目的皆在削弱貴族，圖國家之富强。

二、戰國時代主要政治改革（變法）理論與實例

中國法家之祖為戰國之李悝，次為申不害。變法之實例最著者為商鞅相秦，其次如吳起相楚，燕國、齊國等亦有變法措施。

（1）魏國李悝（一云李克），子夏之弟子。相魏文侯。其主要政治措施雖無考，但其改革主張之要點為：

A．「為國之道，食有勞而祿有功，使有能，而賞必行，罰必當。」「奪淫民之祿，以來四方之士。」（說苑 政理）

B．「盡地力之教。」（漢書 食貨志）

C．「糴甚貴傷民，甚賤傷農。民傷則離散，農傷則國貧。」故主張「平糴」以「收有餘而補不足」。（漢書 食貨志）

（2）鄭人申不害相韓昭侯，其論點（見韓非子 定法）：

A．人君「無為」，以免暴露智慾，為臣下所乘；而「獨斷」以考核臣下。

B．「因任而授官，循名而責實。操生殺之柄，課群臣之能。」

C．人臣「治不踰官，雖知，弗言」。

此完全嚮往一個君主專制下之官僚組織政府。

（3）吳起，衛人，本儒家。相楚悼王，變法失敗。吳起變法要點：

A．封君子孫（貴族）三世而收其爵祿。

B．省無能不急之官，以節餘奉選練之士。

C．令貴人徙實曠虛之地（取消貴族之特權）。

D．整飭政風，使私不害公，讒不蔽忠，言不取苟合，行不取苟容，行義不顧毀譽。

吳起改革頗見功效，曾大敗魏師，但悼王旋薨，公族貴臣共捉起，肢解之。變法失敗，楚國政治始終為貴族所控制，致積弱不振，為秦所滅。

（4）商鞅，衛人，受李悝影響。相秦孝公，變法成功。

秦本為極落後之貴族國家，世官世祿，大庶長擅權，至可立國君，故國内屢亂，國勢甚弱。孝公即位，感於「諸侯卑秦，醜莫大焉」。立意起用新人實行政治改革，衛鞅適時入秦，為孝公重用，實行政治改革，大獲成功。商鞅變法内容，各書記之甚詳，其要點不外：

A．剥奪貴族特權，增强君主的領導地位。

B．政治上爵禄尊卑之差，以軍功大小為標準。

C．按照因軍功獲得之爵位，分配經濟利益。

D．開裂阡陌（廢井田制），提倡父子分居之小家制，使各自謀生，以提高生産率。

E．編造户籍，普立縣制，以加强政府之統制力，並建立大規模之首都於咸陽，以加强全國對中央政府之向心力。

綜其中心目標，乃在通過軍國主義與官僚組織，建立一個君主集權的富强國家。孝公在位甚久，故商鞅得到成功。孝公既歿，商鞅雖不免為貴族所怨毒而被車裂，但新制並未因人亡而息，奠定秦國富强之基礎。

（5）燕國之改革意圖。左傳昭公四年：「燕簡公多嬖寵，欲去諸大夫而立其寵人。」但失敗奔齊。此亦為公室欲去公族而失敗。戰國世，燕王噲「苦身以憂民」、「勤身而憂世」，欲傳位於子之，但為貴族所反對，擁太子起兵，並得齊宣王支援，至子之失敗，此似亦一項改革意圖。後昭王繼位，仍大量招用士人，樂毅自魏往，鄒衍自齊往，劇平自趙往，士爭至燕，仍遵行廢公族用士人之大趨勢。

三、戰國中央政府

春秋「尊王」，到戰國時代諸國「爭王」，已揚棄周室，故此所謂中央，乃七國政府。戰國時代諸國除少數之外（如楚），都是新興的新型政府，各有一套官僚組織作為統治工具，其組織系統以相與將為首腦，中下層官吏亦有若干遞變，與春秋時代不同，而下開秦、漢官制。

（1）相與將。

相為百官之長，春秋時代齊國始有此制。戰國時除楚國外，六國皆有此職，為政府之首長。一稱丞相，如秦紀武王置左右丞相；一稱相國，而銅器銘文往往作「相邦」，蓋傳世古籍作相國者，皆漢代避高祖諱而改之耳。又有相室之名。

次論將。春秋時代卿大夫掌理政府行政，但各有其宗族私屬的軍隊，故軍政不分，將相亦不分。晉國以六軍將佐為十二卿，將中軍者即為正卿（等於首相），此最為顯證。戰國時代常備軍規模龐大，用兵動輒數十萬人，將兵指揮需具特別知識訓練。基於此而有兵家之興起，亦基於此，一般當政者不能兼任，故相之外另置大將。如魏文侯先後以魏成子、翟璜、李悝為相，而別任樂平、吳起、翟角為將。又如齊國有相，而田單為上將軍。然將位在相之下，觀廉頗、藺相如之事可見。

楚國無相、將之名，但令尹為相位，柱國為將位。據國策，破軍殺將者，官極上柱國。貴於柱國者，唯令尹耳，則位序亦與北方國之相、將同。

秦國置相後，而武職之最高位為大良造。有相另有將，實為秦漢丞相、太尉分立之漸。

（2）相將以下諸職官。（從略）

（3）七國中央官制概略：

A．春秋時代之職官雖仍有甚多保存者，如司徒、司空（秦獨無三公官）、師、傅之類，但負實際政治責任者多已另有一套官司組織，惟楚國頗多承春秋之舊。

B. 三晉及秦、齊、燕皆置相為百官之長，又別置將，位次丞相，以統軍事。秦國則或以大良造為上將，三晉及秦有尉，或曰中尉，或曰國尉，佐上將掌武職選舉事，即日後太尉職掌之一部分。秦統一後，太尉之職蓋由前此之國尉演化而來。

C. 丞相主政，其下分職之可考者，齊有五官，曰大田、大行、大諫、大理、大司馬。其下要職，則有掌書、執法、御史、謁者、郎中，亦有博士。三晉有內史、少府(此皆日後九卿之列)、主書、御史、郎中、博士、宦者令、中庶子等職。燕有御書，與齊之掌書、三晉之主書同其職掌。秦在統一前已有內史、廷尉、郎中令、衛尉、中大夫令(皆日後九卿)、執法、御史、謁者、郎中、中車府令、中庶子等職，大抵與三晉同一系統。秦漢時代之要職，戰國時代已略備，惟趙有柱國，魏有犀首，秦有大良造，則殊特別，大抵皆為上將之任。

D. 楚制多承春秋，有令尹為之長，次有柱國、司馬等職，柱國為新制。其餘新制有廷理(即廷尉)、郎中、謁者，則與三晉同制，惟可考者遠不如舊官職名之多。

四、郡縣制度

封建時代只有封君采邑制，尚無所謂地方行政。郡縣為中國最早期之地方行政機構，萌芽於封建貴族制度逐漸崩潰之際。至戰國時代，已形成為全新的地方官僚行政體系。

（1）縣之始見。

說文：「縣，繫也。」此其本義，其後作為地方行政區之名稱，乃借動詞為名詞之一例。

秦紀：武公「十年伐邽、冀戎，初縣之。十一年，初縣杜、鄭」。是紀元前七世紀初已有縣制。其後左傳中極常見，如「楚子縣陳」，晉「分祁氏之田為七縣」，「韓賦七邑，皆成縣也」，又云「十家九縣」，「其餘四十縣」云云。皆其例。

（2）郡之始見。

說文：「郡，从邑，君聲。」是其本義即為政區。

郡之稱，左傳、國語各僅一見，知其制之形成在縣之後。至戰國時則極常見，如秦紀：惠文君十年「魏納上郡十五縣」。大約除齊國外，諸國皆有郡制。

（3）郡統縣。

左傳哀公二年，趙簡子曰：「克敵者，上大夫受縣，下大夫受郡。」是紀元前五世紀初葉，縣之地位較郡為高。而甘茂傳茂謂秦王曰：「宜陽大縣，名曰縣，其實郡也。」時在秦武王三年，是紀元前五世紀末年，縣之地位已較郡為低。又前引秦紀：惠文王十年「魏納上郡十五縣」，春申君傳請以淮北十二縣置郡，是不但郡之地位較縣為高，且每郡各統若干縣。前後不過百餘年，何以郡與縣之地位升降如此之劇？通常皆以簡子時縣大郡小為釋。而姚鼐釋之曰：

「郡之稱蓋始於秦、晉，以所得戎翟地遠，使人守之，為戎翟民君長，故名曰郡……郡遠而縣近，縣成聚富庶而郡荒陋，故以美惡異等，而非郡與縣相統屬也。」

此謂春秋末年簡子時之郡縣也。觀前引左傳諸條，知其時縣區甚小，不能大於秦、漢之縣區。若郡較縣為小，則鄉之比矣。且若春秋末年郡小於縣，數十年或百年後亦斷不能駕凌縣上而統轄之。故縣大郡小之說絕不可信，而姚氏之說，於理為順。戰國時代競爭激烈，軍國向外拓展，邊郡日益增大而且繁榮，故郡之地位漸高，乃仿近地分置諸縣，形成每郡統若干縣之制度。

然戰國時縣非盡統於郡，大抵京畿之內縣直隸中央政府（亦可能直隸國君），而畿外之縣則統於郡。如李克為中山相，所統有縣；而西門豹為鄴令則直隸於魏君。又如秦國邊郡皆領縣，而畿內之縣由內史領之，即直隸中央也。

（4）郡長官：郡守。

如吳起為魏武侯之西河守，趙奢為燕之上郡守，馮亭為韓之上黨守，王稽為秦之河東守。

（5）縣長官。

A. 春秋時，魯、衛曰宰，楚曰尹，晉、齊曰大夫。

B. 戰國時，楚曰公、曰尹；齊曰大夫；三晉及秦曰令，且有丞、尉以佐之。

C. 另置御史監縣，如韓策安邑縣有令，有御史、副御史。

（6）郡縣上計。

韓子外儲篇：西門豹事魏文侯為鄴令，期年上計，文侯收其璽；又期年上計，文侯迎而拜之。是縣上計於國君也。韓子難篇：李克治中山，苦陘令上計而多入。是縣令上計於屬所之封國也。范雎傳：王稽為秦河東守，三年不上計。是郡守上計於國君也。

五、封君制度

戰國列强雖已由封建組織時代進入官僚組織時代，但封建制度仍有若干殘餘，最顯著之事例即郡縣制度之外仍有封君封侯之制，此為古代封建制度之殘存。

（1）齊有靖國君田嬰，孟嘗君田文，安平君田單，成侯鄒忌，凡三君一侯可考。

（2）趙可考者有武安君李牧、信平君廉頗、望諸君樂毅、平原君趙勝等十七君，又有李侯一人。

（3）魏可考者有信陵君魏公子無忌等八君，甯侯龐涓一侯。

(4)韓無考。

(5)燕可考者有昌國君樂毅、奉陽君李克等三君。

(6)楚可考者有春申君黄歇、鄂君啟等十君、三侯。

(7)秦可考者有商君衛鞅、嚴君樗里疾、武安君白起、剛成君蔡澤等十三君;穰侯魏冉、蜀侯通(惠王子)、應侯范雎、文信侯吕不韋、長信侯嫪毐等五侯。

(8)封君制度總論。(缺)

六、任用制度

(1)爵制。

戰國時代除擔任職務之官,又有爵以序位。所謂爵,在戰國以前已有,但受爵者即當政如職官,非僅序位而已。

A. 古代五等爵之説。儒家論古代爵制有公、侯、伯、子、男五等之説。孟子稱,嘗聞周室頒爵之制:「天子一位,公一位,侯一位,伯一位,子男同一位,凡五等也。」(萬章下)禮記王制:「王者之制,爵禄公、侯、伯、子、男凡五等。」

關於此五等名號之起源,傅斯年先生曰:

「公伯子男皆一家内所稱名號，初義並非官爵，亦非班列；侯則武士之義。此兩類皆宗法封建制度下之當然結果。蓋封建宗法下之政治組織，制則家族，政則戎事……家族倫理即政治倫理，家族稱謂即政治稱謂。」（論所謂五等爵）

由此言之，公伯皆父輩之稱謂，子男為兒輩之稱謂，加武士之侯（侯者，射也），成為五等稱呼。族屬間行輩之關係隨時變更：某一人焉，長輩視之為子男輩，而晚輩視之為公伯，故稱號亦因時而異，不能一定。規定為公侯伯子男五等亦只是春秋末年儒家理想，並非已行之史實，故古代諸侯稱爵亦往往互異。（參看郭沫若金文所無考）

B．戰國爵制。

通侯、列侯—楚有通侯（楚策），趙有列侯（趙策）。

執珪—楚國最尊爵位（東周策、齊策）。

關内侯—齊、魏有之（分見呂覽、魏策）。

上卿—魏（呂覽下賢）、衛（韓子外儲）。

上聞—周（呂覽下賢）。

五大夫—趙（趙策）、楚（呂覽長見）。

國大夫—魏（韓子）。

C．秦爵制。商君為秦制爵二十等，以賞功勞（或本為舊官，轉為虛銜之爵位）。

徹侯，二十（言爵位上通於天子，漢避諱為通侯）

關內侯，十九

大庶長，十八

駟車庶長，十七（言乘駟馬之車為衆之長也）

大上選，十六（即大良造）

少上選，十五

右更，十四（更言主領更卒）（按：秦尚左，何以右為高，疑此乃漢制推歸秦之耳。）

中更，十三

左更，十二

右庶長，十一

左庶長，十

五大夫，九

公乘，八（言得乘公家之車）

公大夫，七（即七大夫—公大夫以上，令丞與抗禮）

官大夫，六

大夫，五

不更，四（不預更卒之事）

簪裊，三

上造，二（造，成也，言有成命於上）

公士，一

（2）禄秩。

管子明法：「其所任官大者，則爵尊而禄厚；其所任官小者，則爵卑而禄薄。爵禄者，人主之所以使吏治民也。」云爵之外又有禄，此非古代封建貴族時代之制。孟子公孫丑：「（齊）王欲中國而授孟子室，養弟子以萬鍾。」又滕文公章亦云齊有萬鍾之禄，蓋極厚。燕策：「今王言屬國子之，而吏無非太子人者，是名屬子之而太子用事。王因收印，自三百石吏而效之子之。子之南面行王事。」（又見韓子外儲）三百石蓋官之低者。且已開漢代以石論禄之制。

第二編　秦漢時代

第一章　皇帝

一、皇帝制度之形成

殷商部落聯盟國家，周代封建國家，君主皆稱為王，下統諸侯。東周王政已衰，諸侯力征，競相稱王，更進而稱帝。

（1）列國稱王。

春秋時代，諸侯列國争霸，尚以「尊王」為號召。蓋其時諸侯國土仍小，力量不大，尚仰賴周王在名義上之支持，以便號令其他諸侯，而維持國際均勢，故除南方蠻族之楚國外，尚無稱王野心。經過兩百多年之兼併鬥争，存國蓋少，諸侯益强，周王之地位益低，大家不但在事實上不尊重周王，即在心理上亦脱離周王為共主的觀念。較强諸侯皆欲打破均勢，吞併他國，統一天下，所以皆不再「尊王」，而有「稱王」之野心。

但此種野心也是逐步表現出來，戰國初年尚表面尊王，如三家分晉、田氏篡齊，尚須請求周王的承認。秦國變法圖强，大敗魏國，尚向周王獻捷，受封為伯，又率諸侯朝天子於逢澤（今開封東南）。此尚見秦國仍欲利用周王以便號召他國。

齊國為東方大國。魏分晉得中部，自視為晉之正統，在戰國初年，於三晉中亦最强，此時為秦所敗，秦得稱霸。魏乃聯絡東方强國之齊，會於徐州，互相承認為王（周烈王三十五年），使秦不能假借周王為號召。因此，秦國也只得稱王（周烈王四十四年，秦惠王十三年）。兩年後，魏國犀首約魏、趙、韓、燕、中山五國相王，於是中國境内除周王外，秦、齊、楚、魏、趙、韓、燕、中山八國皆為王。

自後百年間為秦、齊、楚争天下之局，秦採連横的外交政策，齊、楚採合縱的外交政策；而一般人心理上也要求統一，各派思想家多有統一的理論，最著名的是陰陽家的「五德終始」說，作為天下統一换代的歷史定命論。此本為齊國統一天下作宣傳，受命告天的封禪説亦出於齊。封禪説特别推尊泰山，即隱寓齊國為受命中心之意。

（2）秦、齊稱西、東帝。

戰國後期，楚國漸衰，秦、齊並强，當時各國都已稱王，故「王」號已不夠響亮。秦、齊乃於周赧王二十七年相議稱帝，秦昭襄王稱「西帝」，齊湣王稱「東帝」，欲以平分天下，旋仍復為王。大約因為既要統一，分帝仍是不通，且可能遭其他各國反對。

（3）帝秦議。

秦、齊稱帝後二年，即周赧王二十九年，秦取魏安邑與河內，但齊國滅宋，聲勢更甚。又二年樂毅以燕、秦、趙、魏、韓之師入齊，至臨淄，齊湣王東走莒（近海濱）。自此齊勢大衰，不能與秦相抗，國際均勢遂失。

周赧王五十五年，秦破趙於長平，坑趙卒四十五萬，進圍趙都邯鄲，秦勢大盛。時人擬議，東方放棄抵抗，向秦投降，三晉更自動尊秦為帝，但齊人魯仲連强烈反對。大約齊國雖衰，尚未忘過去數百年之光榮歷史，故不服氣。

（4）秦國以武力統一。

秦國不獲東方各國共尊為帝，乃繼續以武力蠶食六國。至秦王政二十六年盡滅六國，統一天下，遂自制名號為皇帝。漢承之迄清二千年不改。（參看雷海宗皇帝制度之成立，清華學報9卷4期；韓復智中國通史論文選輯上册）

二、皇帝位號

史記秦始皇紀：

「二十六年……秦初并天下，令丞相御史曰：『……天下大定。今名號不更，無以稱成功，傳後世。其議帝號。』丞相（王）綰、御史大夫（馮）劫、廷尉斯等皆曰：『昔者五帝地方千里，其外侯服夷服，諸侯或朝或否，天子不能制。今陛下……平定天下，海内為郡縣，法令由一統，自上古以來未嘗有，五帝所不及。臣等謹與博士議曰：「古有天皇，有地皇，有泰皇，泰皇最貴。」臣等昧死上尊號，王為「泰皇」。』……王曰：『去「泰」著「皇」，采上古帝位號，號曰「皇帝」。』」

按：蔡邕獨斷云，秦始皇以為德兼三皇、功過五帝，故并以為號。漢承之。獨斷云：「漢天子正號曰『皇帝』，自稱曰『朕』，臣民稱之曰『陛下』，其言曰『制詔』，史官記事曰『上』。車馬衣服器械百物曰『乘輿』，其所在曰『行在所』，所居曰『禁中』，後曰『省中』。印曰『璽』。所至曰『幸』，所進曰『御』。其命令，一曰『策書』，二曰『制書』，三曰『詔書』，四曰『戒書』。」

三、皇帝權力及其限制

行政、立法、司法、考選、監察之權集於一身。一個真正盡職之皇帝極為辛勞，如始皇本人。

傳承既久，皇帝權力亦有相當限制，但為無形的，亦為相對的。

（1）前主所著為律，不得違；但非絶對限制性。

（2）朝議制度。此制對於皇權多少有一定的限制作用。召集權在皇帝或其他掌權者，如太后及其他内朝領袖。議事範圍極廣，例如：

A．君主廢立。

B．大封拜。

C．重大法案。

參議人員無固定限制，總由皇帝詔敕決定，或指定主持人。會議結果報呈皇帝選擇決定。參議者可各抒所見，若與衆不同，亦可就少數意見與多數意見一同奏上。故漢世朝議本身並不能有所決定，只是向皇帝提供意見，由君主或當權者選擇決定，然而對於皇帝權力多少有些影響。

（3）天譴。

儒家所謂「屈民伸君，屈君伸天」，這是儒家欲以天意限制君權。儒家以為君主行政不對人民負責，但須對天負責；而「天視自我民視」，故歸根結底，行政善惡仍由人民的觀感反應出來。天帝對君主行政的善惡，可以「祥瑞」與「災異」分別表示賞罰。當人民遭遇困苦起而叛亂推翻君主，也是因為天看見皇帝終不改悟，而「不復譴告，更命有德」。

以災異為君主之過失所致，此說最初倡言最力者為董仲舒，彼於武帝時對策說：

「國家將有失道之敗，而天乃先出災害以譴告之，……以此見天心之仁愛人君而欲止其亂也。自非大亡（無）道之世者，天盡欲扶持而全安之。」（本傳）

此後持此說者甚多，宣帝也說：「皇天見異，以戒朕躬。」谷永更警告說：「終不改寤，惡洽變備，不復譴告，更命有德。」（本傳）

皇帝為保全君位，避免災異，惟有從勤政愛民著手。如有過失招致災異，就當下詔罪己，舉賢良，求改失，赦罪犯，免官吏，後來皇帝又把責任推到輔佐天子的三公身上，有災異則免三公。

四、皇位繼承

始皇未預立太子。漢代通常預立皇子為太子，以嫡長為原則。太子既立，不輕易更動，叔孫通曰：「太子天下之本，本一搖，天下震動。」太子居東宮，置官屬師傅以下，組織頗龐大，如一小朝廷。

五、後宮制度

後宮與皇太后宮。

（1）太后宮。嫡長制有缺點，嫡長子死，則立長孫，但往往年幼，不能治事，則太后乘機攬權。

秦宣太后（昭王時代）；

漢呂太后；

後漢臨朝者更多。後漢書皇后紀：

「皇統屢絕（無子也），權歸女主，外立者四帝（注：安、質、桓、靈），臨朝者六后（注：章帝竇太后、和帝鄧太后、安帝閻太后、順帝梁太后、桓帝竇太后、靈帝何太后)。」

臨朝聽政儀式：帝與后同朝群臣，事實上全由太后作主。蔡邕獨斷云：

「秦漢以來，少帝即位，后代而攝政，稱皇太后詔，不言制。……后攝政，則后臨前殿，朝群臣。后東面，少帝西面。群臣奏事上書，皆為兩通，一詣太后，一詣少帝。」

太后即使不臨朝，亦頗干預政治。如田蚡傳：景帝時，御史大夫趙綰請毋奏事東宮(此時太后居東宮)。竇太后大怒，乃罷逐趙綰、王臧，而免丞相竇嬰、太尉田蚡。

若皇帝崩而無嗣，太后更有策立皇帝之權。如廢昌邑王，立宣帝，即由朝臣奏太后行之。安帝之立亦由太后策命。

太后宮名長信，或名長樂(長信宮是長樂宮內之一宮殿)，宮置官，其長官原為詹事，後稱少府；亦有衛尉。

(2)後宮。皇后、夫人以下甚多，並置官屬。

六、因皇帝制度而產生之三種特殊勢力

(1)宗室

血緣關係親近，而在實際政治上往往頗疏遠。

A. 秦之先世，宗室(即前編所謂公族)勢力本强，大庶長執政，往往廢立君主。

B. 商鞅變法剥奪宗室特權，終秦之世，宗室無勢力，皇室孤立無援而亡。

C. 漢初懲秦之弊，大封同姓，以藩漢室。但在中央僅初期得勢，稍後並不得勢。

D. 吳楚七國亂後，對於宗室限制益嚴。光武十王傳稱自漢興以來宗室子弟無得在公卿位者。又宗室不得典三河。

（2）外戚

因後宫、太后宫而產生兩種人，第一是外戚，第二是宦官。外戚如秦之穰侯，漢初之諸吕，昭、宣之霍氏，西漢末年之王氏，西漢終亡於王氏。光武雖禁外戚，不得與政，然東漢仍有竇氏、梁氏等，外戚勢力仍强。蓋太后臨朝，惟恃父兄輔政。

（3）宦官

宦官為皇帝后妃之奴僕，出入禁中，最能與皇帝接近，故得用事。如秦之趙高，漢宣、元時中書令弘恭、石顯，東漢宫中悉用宦者。自和帝時鄭衆等參議誅竇憲後，漸預政事，終至宦官擅權，有黨錮之後，漢以衰亡。

東漢外戚、宦官之争，實際上即皇帝與太后之争，而基本原因是東漢皇帝多短壽，致多幼主與外立者。

第二章　輔政制度

一、丞相制

秦有丞相、太尉、御史大夫，或稱三權分立，其實不然。太尉雖秦官，但實際職權無考，用人亦無考；以漢初例之，蓋亦不是常置之官，不得與丞相並列。御史大夫則上卿之秩，號為丞相之副（此亦不妥），更不得與丞相比隆，故秦及西漢（至少前期）應稱為丞相制時代。

（1）丞相之名稱。

秦紀武王二年，初置丞相，左右各一人，但有時只一人。始皇時又為左右丞相。

如始皇紀：

「三十七年十月癸丑，始皇出遊，左丞相（李）斯從，右丞相（馮）去疾守。」

李斯傳：

「二世拜趙高為中丞相。」

始皇紀稱高為丞相。蓋一官，以其宦者，故加「中」為稱。

漢初置丞相一人，掌承天子，助理萬機，高祖十一年更名相國。

孝惠、高后時置右、左丞相，此可能與高祖臨終時評論王陵、陳平之才性有關，以陳平輔助王陵。秦尚左，而漢尚右，右尊於左。

文帝時，右丞相周勃病免，陳平專為丞相，只一人。

武帝以劉屈氂為左丞相，分丞相府為二，以待天下遠方之選，但終未除人。

（2）丞相之任用。

A．秦用客卿為相。

B．漢初丞相必以列侯為之。公孫弘非列侯，拜相即封為平津侯，「其以為故事」。東漢初年始不封侯。

C．例由御史大夫遷任。哀帝時，朱博奏言：

「故事，選郡國守相高第為中二千石，選中二千石為御史大夫，任職者為丞相。」（漢書朱博傳）

（3）丞相職權。（看周道濟漢唐宰相制度）

漢書百官表：「丞相……金印紫綬，掌丞天子，助理萬機。」此即無所不管。

後漢書楊秉傳：

「漢世故事，三公之職無所不統。」

史記范雎傳：

「范雎既相秦……天下之事，皆決于相君。」(見參考資料一)

漢書黃霸傳：

「太尉官罷久矣，丞相兼之。」

後漢書陳忠傳：

「疏曰：『漢典舊事，丞相所請，靡有不聽。』」

A：就權力行使之方式而言：

甲：朝議領導權。

乙：被諮詢權。

丙：諫諍權。周亞夫諫封皇后兄王信事即為例。

丁：封駁權與不平署權。此皆較一般諍諫為積極有效。封駁權乃書面上之「作為」，如哀帝令益封董賢，丞相王嘉「封還詔書」。不平署乃書面上之「不作為」，如桓帝詔郡國逮捕黨人，「案經三府，太尉陳蕃……不肯平署」，此當為西漢丞相之舊權。

戊：奉行權。其意發自君上，丞相承而行之。此觀詔書下達之情形，可知一切詔書皆由丞相奉而行之。（見參考資料二）

己：奏行權。其意發自臣下，君下「可」而行之。此權不待言，朝廷大事，群臣集體奏議，必以丞相領銜。例見三王世家。又霍光傳，光定策廢昌邑王，逼群臣從其議，但在正式奏上太后時，仍以丞相楊敞領銜，光次之，下為諸將軍、御史大夫、列侯、諸卿。

B．就權力所及之事項言：一切大政皆參決。特舉其人事行政方面之權力。

甲：用人權——任命與推薦。（後之吏部之權）

荀子王霸已言相職在度百官功過，行賞罰。陳平亦云宰相之職：「使卿大夫各得任其職焉。」

衛宏漢舊儀云：

「舊制，令六百石以上尚書調拜遷；四百石長相，至二百石，丞相調除。」

據此，可見中上級官吏皆由尚書（皇帝祕書處）任命，丞相能直接任命的權力很有限，但推薦權則甚大。如田蚡傳：

「當是時，丞相入奏事，坐語移日，所言皆聽。薦人或起家至二千石，權移主上。上乃曰：『君除吏已盡未？吾亦欲除吏！』」

乙：懲罰權。

一般而言，高級官吏有過，當先奏請，然後懲罰，但重大情節，可先罰後奏。如劉屈氂傳：戾太子敗出城，司直田仁部不閉城門，屈氂欲斬仁。御史大夫暴勝之謂丞相曰：「司直吏二千石，當先請，奈何斬之！」上聞之，責大夫曰：「司直縱反者，丞相斬之，法也，大夫何以擅止之！」勝之惶恐自殺。又晁錯傳：錯為內史（九卿之一），有罪，丞相申屠嘉奏請誅之，未準。「罷朝，因怒謂長史曰，吾當先斬以聞。乃先請，固誤」。灌夫傳：丞相田蚡言：「灌夫家潁川，橫甚，民苦之，請案之。上曰，此丞相事，何請？」

丙：主計（記簿：户口、財政收支、囚犯、建築等）考課權。

張蒼傳：

「明習天下圖書計籍，以列侯居相府，領主郡國上計者。」

丙吉傳：

「歲竟，丞相課其殿最，奏行賞罰。」

（4）丞相地位之尊崇。

A．秩萬石，金印紫綬。

太尉雖與丞相相同，但不常置。

御史大夫僅中二千石，銀印青綬。

B．位列侯。

C．皇帝待以殊禮：在輿為下，御坐則起（皇帝遇到丞相時，乘車要下車，坐著要起立，以示對丞相敬禮）；疾病視之數，死則臨弔之，廢宗廟之祭，公卿以下皆會葬。因為地位太崇，形成「將相不辱」、「不對理陳冤」之習慣。丞相不接受審判。若丞相真有罪，則會送丞相牛、酒，以示丞相應自殺。

（5）相府僚佐。

長史、司直以下諸曹掾屬組織頗龐大，得開閤養士（還可招賢）。

（6）丞相制總論。

秦始皇時，「天下事無大小皆決於上，上至以衡石量書，日夜有呈，不中呈，不得休息」。可見一切政事由皇帝自行處理。

漢代前期則不然。漢代制度可稱為「集權的信託制度」。皇帝雖掌握國家最高權力，但一般政務原則上完全交付丞相，由丞相全權處理；丞相又將地方政務交付郡國守相全權處理。此種信託制度，蓋淵源於高祖之任蕭何。高祖與何早有深刻的瞭解。高祖統兵征伐，何恒居守，支援前方，無不集權，而且忠誠可信。

高祖為雄才大略之主，對於瑣務，可能也無興趣，既有老朋友老僚屬可以信任，所以一切委其集權。惠帝生性寬厚，更加信賴蕭何。曹參繼之，呂后、文、景，皆遵為章。其時黃老思想盛行，更不會有所更張。至武帝時，此制始改。此種制度似約與近代責任內閣制略相當，惟此制並無理論基礎，更無法律基礎，只是由於特殊關係而形成，遇到自己想管事的君主如武帝，便遭到破壞。（參看勞幹漢代政治組織的特質及其功能）

二、三公制

（1）丞相制下之太尉與御史大夫。

秦及漢初，實無三公之制，惟古有三公，故得泛稱丞相、太尉、御史大夫為三公。

A．太尉。

秦世似稱國尉，亦不常見。漢初置廢不常。見置時間前後合計不過二十年。

高祖二年，盧綰為太尉。五年，為燕王，罷太尉官。（漢書百官公卿表，下同）

高祖十一年，周勃為太尉，後官省。

高后四年，周勃為太尉。

孝文元年，勃為相，灌嬰為太尉。

孝文三年，嬰為丞相，罷太尉官。

孝景三年，置太尉官，中尉周亞夫為之。七年，遷為丞相，罷太尉官。

孝武建元元年，置太尉官，田蚡為之。二年免，罷太尉官。

以後不見置。

B．御史大夫（實乃皇帝之祕書長，故奉皇帝之旨「下」丞相）。

漢書百官公卿表：

「御史大夫，秦官，位上卿，銀印青綬，掌副丞相。」

朱博傳亦稱御史大夫為上卿。應劭曰：「侍御史之率，故稱大夫。」茂陵傳謂秩中二千石。

可以考見西漢前期御史大夫之性質史料：

高祖紀十一年求賢詔：「御史大夫昌下相國，相國下諸侯王……」

周昌傳高祖欲廢太子立戚姬子如意，御史大夫周昌不奉詔：「臣期期不奉詔。」

漢舊儀：「御史、衛尉寺在宮中，御史大夫寺司馬門內。」

薛宣傳，谷永曰：「御史大夫，內承本朝之風化，外佐丞相，總理天下。」

史記褚補三王世家，元狩六年封王之制，詔書曰：「御史大夫湯下丞相，丞相下中二千石，二千石下郡太守諸侯相。」

居延漢簡卷一：「□□(御史)大夫廣明下丞相，承書從事下當用者，如詔書。」

綜合所有史料看來，御史大夫實為皇帝的祕書長，猶稍後之尚書令。（參看中國地方行政制度史甲部）

（2）三公制。

丞相制出自法家。西漢中葉儒家漸得勢，好以古議今，改丞相制為三公制，亦儒家勝利之一端。

A．成帝末綏和元年——丞相、大司馬、大司空。

朱博傳何武奏稱：「古者民樸事約，國之輔佐必得賢聖，然猶則天三光，備三公官，各有分職。今末俗之弊，政事繁多，宰相之材不能及古，而丞相獨兼三公之事，所以久廢而不治也。宜建三公官，定卿大夫之任，分職授政，以考功效。」於是上賜曲陽侯王根大司馬印綬，置官屬（本有大司馬，無印綬官屬，為內朝官）；以御史大夫何武為大司空，封列侯，皆增秩與丞相相等，以備三公之官（可見之前無三公，皆托古也）。

B．哀帝建平二年恢復丞相獨相制。朱博等議，以為漢家自有制度，自天子之號下至佐吏皆非承襲古制，而獨改三公，無益於治，故復舊制。

C．元壽二年——大司馬、大司徒、大司空。

D．光武帝建武二十七年，大司徒、大司空兩府皆去「大」字，又改大司馬為太尉（以王莽由大司馬篡位），三公並為宰相，而太尉為尊，並廢封侯之制。

E．獻帝建安十三年罷三公官，復置丞相、御史大夫官，行丞相制，以便曹操專政。

（3）三公分職。

東漢三公分職：

續百官志注引韓詩外傳：

「司馬主天，司空主土，司徒主人。」

續百官志：

「太尉公一人，掌四方兵事功課，歲盡即奏其殿最而行賞罰。……凡國有大造大疑，則與司徒司空通而論之。國有過事，則與二公通諫争之。」（注引漢官目録：「太常、光禄、衛尉三卿，太尉所部。」）

又：

「司徒公一人，掌人民事，凡教民孝悌、遜順、謙儉、養生送死之事，則議其制，建其度，凡四方民事功課，歲盡則奏其殿最而行賞罰。……凡國有大疑大事，與太尉同。」（注引漢官目録：「太僕、廷尉、大鴻臚三卿，司徒所部。」）

又：

「司空公一人，掌水土事。凡營城起邑浚溝洫、修墳防之事，則議其利，建其功。凡四方水土功課，歲盡則奏其殿最而行賞罰。……凡國有大造大疑，諫諍與太尉同。」（注引漢官目録：「宗正、大司農、少府三卿，司空所部。」）

三、内朝與尚書

（1）内朝。

A. 内朝官及内外之别。

秦及漢初，無所謂「内朝」、「外朝」。有之自武帝始。自大司馬、大將軍、左右前後等將軍、侍中、給事中、左右曹、（中）常侍、散騎、諸吏，皆為「中朝」，即「内朝」，多為加官；丞相以下諸卿、諸令丞皆為「外朝」。尚書在西漢亦為内朝，後漸變為外朝。「外朝」蓋因「内朝」之名而相對稱之。

B. 内朝官之起源與演變（内外朝之形成）。

武帝不甚任大臣而其時政事繁多，不能不召集一批人（顧問團）以自助，常議事於内廷，且以難外廷公卿，是為漢代内朝之開端。當時諸將軍尚不得預聞政事；内朝官僅有侍中、常侍、左右曹、給事中、諸吏、尚書等職，而天子即為内朝之領袖。及武帝臨崩，以外戚霍光為大司馬大將軍輔少主，遂成為内朝之領袖，於是前後左右將軍、車騎驃騎將軍、衛將軍等，亦相繼為内朝官之一分子。内朝系統形成後，漢代中央行政制度大變，内朝主決策，外朝主執行。丞相由全朝領袖，退居外朝領袖，丞相府由最高決策機關，退居最高執行機關。

此種轉變當另有一背景，即漢初政治為功臣貴族集團所把持，丞相為這一集團之當然領袖。至武帝時代，這一班功臣已老死殆盡，這一集團之勢力已削弱，丞相必由功臣列侯出任之傳統已無法維持；而武帝又為一雄才大略之主，極欲打破丞相掌權之傳統，遂乘機收攬政權。不意臨終立幼主，不得不付霍光以輔政大權，於是内朝之權凌駕外朝之上，終成王莽篡奪之謀。（見參考資料三）

東漢之制，大體承西漢之舊，所不同者，皇帝新立，例置太傅，録尚書事，薨則不復置。西漢中期，中朝官大體已為外戚與宦官所把持；東漢尤甚，勞幹云：

「從西漢晚期開始直到東漢，都成為外戚及宦官專政局面，不論外戚或宦官，都是屬於内朝。外戚當政，都加上將軍的名義；宦官當政，也大都是中常侍。」

C．内朝官侵奪外朝官之權力。

内朝官對於外朝官，自始即是一種箝制力量，參考資料三所引嚴助傳所記，不過其開始。自霍光秉政，更見内朝壓制外朝，如昭帝元始中，廷尉少府治桑弘羊故吏吳反事，丞相田千秋召二千石博士會公車門，議問吳法。千秋封上衆議，大將軍霍光以千秋擅召中二千石以下，内外異言，遂下少府、廷尉獄。朝廷皆恐丞相坐之。（杜延年傳。參見參考資料四）

又王嘉傳，嘉為丞相，奏薦故廷尉梁相，尚書劾奏嘉迷國罔上，「下將軍中朝者議」，皆以為嘉應迷國不道法。詔假謁者節，召丞相詣廷尉詔獄。

上列資料皆見外朝長官受制於内朝之證。及外朝由丞相制變為三公制，内外權力更失平衡。

（2）尚書。

A．萌芽。戰國時代有「掌書」、「主書」之職，蓋即秦、漢尚書之任。

B．秦及西漢尚書權力之發展。尚書本為少府小吏，在殿中主發書，故曰尚書，亦稱中臺，實亦中朝官之一種。

漢官儀：

「秦代，少府遣吏四人在殿中，主發書，故號尚書，尚猶主也。漢因秦置之，故尚書為中臺，謁者為外臺，御史為憲臺，謂之三臺。」

因為掌書與皇帝接近，易得皇帝信任，職權漸漸崇大，組織亦漸擴大而制度化，進而漸漸代替御史大夫為皇帝的祕書機關（三公制行後，御史大夫更為大司馬，脱離皇帝祕書之地位，尚書更可乘機代替御史大夫成為皇帝祕書之職），故常代表皇帝行事。

天子責問丞相，則使尚書；丞相對詔，則尚書受辭。（黃霸傳）

代皇帝選第二千石。（馮野王傳）

地方官奏事，稱為對尚書。（陳遵傳）

「故事，諸上書者，皆為二封，署其一曰副。領尚書者，先發副封，所言不善，屏去不奏。」

此更握先察奏章之權。「相復因許伯白，去副封防雍蔽。宣帝善之，詔相給事中，皆從其議。

霍氏殺許后之謀始得上聞。」（漢書魏相傳）

元帝用宦者石顯為中書令（中尚書令），以中人無外黨，委以政事。「事無大小，因顯白

決，貴幸傾朝，百僚皆敬事顯」。

C. 東漢事歸臺閣（臺閣即指尚書臺）。

仲長統昌言：

「光武皇帝愠數世之失權，忿强臣之竊命，矯枉過直，政不任下，雖置三公，事歸臺閣。

自此以來，三公之職，備員而已。」

後漢書李固傳：

「今陛下之有尚書，猶天之有北斗也。斗為天喉舌，尚書亦為陛下喉舌。……尚書出

納王命，賦政四海，權尊埶重，責之所歸。」

所謂事歸臺閣，本指天子自理，但天子不能經常如光武之能幹，故臺閣中之尚書便能攬權，國事處理皆歸尚書。尚書無宰相之名，而有宰相之實；三公有宰相之名，而無宰相之實。故漢書解詁云：「士之權貴，不過尚書。」

D. 四項重要權力。下列諸權，西漢之漸獲得，東漢更制度化。

第一：頒下詔書，受百官奏章。石刻中屢見其例。

第二：審查奏章。明帝永平二年明詔某些奏章，尚書可抑而不省。（此可參看前引魏相傳）

第三：選署官吏權。陳寵傳：

「今之三公，雖當其名，而無其實。選舉誅賞，一由尚書。」

第四：主大計。

E. 尚書組織之發展。

秦時只以少府四吏給事殿中。漢初當無大異。武帝正式置尚書四員，成帝加一為五員。

漢舊儀：

「尚書四員，武帝置。成帝加一為五：侍曹尚書，主丞相御史事；二千石曹尚書，主刺史二千石事；民曹尚書，主庶民上書事；主客曹尚書，主外國四夷事；三公曹尚書（此成帝置），主斷獄事。」

東漢之制，據續百官志，只就前述之制分主客為南北二曹，共為六曹。而晉書職官志述東漢事云：「光武以三公曹主歲盡考課諸州郡事；改常侍曹為吏部曹，主選舉祠祀事；民曹，主繕修功作鹽池園苑事；客曹，主護駕、羌胡朝賀事；二千石曹，主詞訟事；中都官曹，主水火盜賊事。」此與續百官志大異，不知為何演變也。

而觀晉志所記六曹分職與西漢分職大異。其主要不同，在分職之原則。漢儀、續志所顯示之分職原則乃就奏事者之身分而分之；晉志所顯示之分職原則乃就政事之類別而分之。而此種新分法又自成帝置「三公曹」始。尚書諸曹前後分職原則之差異，正顯示尚書之職由掌受章奏進而掌理政事之過程。

尚書諸曹之上有尚書令為之長，僕射佐之，又有左右丞。其增置演變不詳。令僕與六曹尚書，統稱八座。西漢尚書令秩僅六百石；東漢，令千石。僕射尚書皆六百石，丞與郎則四百石。

F．領尚書事。

尚書職親近皇帝，但位不尊。西漢權臣利其權，故領其事，如霍光為大司馬大將軍輔政，而領尚書事，是也。其他內朝輔政諸臣亦類多「領」、「平」尚書事或曰「視」尚書事，何人任職亦無一定制度。至東漢漸制度化，每帝即位，輒置太傅録尚書事，薨輒省。又太尉常録尚書事，司徒偶録之。而最重要者，西漢領尚書事者多為內朝官，高級外朝官絶無領之者；東漢則皆由外朝官領録之。蓋尚書臺本為內朝機構，東漢尚書職在綜理政務，實已宰相化，故轉為外朝也。因此録尚書事者反不如西漢之重要矣。至曹操輔政加「録尚書事」，自此又成為權力的表徵。如魏之曹爽、司馬師、司馬昭，蜀之諸葛亮、蔣琬、費禕、姜維，晉之賈充、東海王越、王導、桓温、謝安、劉裕等皆加「録尚書事」，以統政事。

第三章　中央政務分職機關——諸卿寺

漢代中央政務分行機關，通常稱為「九卿」，按周禮考工記匠人：「外有九室，九卿朝焉。」注：「六卿、三孤為九卿。」是古有「九卿」之稱，即周禮六卿，加少師、少傅、少保為九卿也。而秦及漢初實無「九卿」之名。朱買臣傳：「徵入為主爵都尉，列於九卿。」時在武帝世。又王尊傳，為京兆尹「備位九卿」。朱博傳：「罷刺史更置州牧，秩真二千石，位次九卿。」是在武帝以後。大抵「九卿」之稱，似武帝時及其以後始見史傳。

西漢所謂「九卿」，為數實不止九，大約凡秩中二千石者皆卿也。「九」蓋數之極，猶言「諸」耳。真正九卿制度蓋與三公制同時成立。茲就秩中二千石，稱為卿者，分列如下：

（1）太常

位居諸卿之首，以列侯居之。其後漸卑。漢書卷一九上百官公卿表：

「奉常，秦官。掌宗廟禮儀。有丞，景帝中六年更名太常。屬官有太樂、太祝、太宰、太史、太卜、太醫六令丞。又均官、都水兩長丞，又諸廟寢園食官令長丞，有廱太宰、太

祝、令丞，五時各一尉。又博士及諸陵縣皆屬焉。」（全部屬員二千餘人）

太常居九卿之首，而職掌宗廟禮儀，此仍為古代神權政治之延續，另方面仍見其為家臣性質。古代教育學術本在卜祝之手，故此時教育學術官司亦統於太常。

（2）郎中令（為皇帝親兵。源自戰國，多為大臣子弟為之）→光祿勳

郎中令即廊中令。武帝太初元年，更名光祿勳。掌宮殿掖門户。屬官有大夫、郎、謁者、期門、羽林，皆無定員。此為皇帝的侍衛長，故居宮中，稱為「內卿」。秦及漢代初年，此職在政治上極重要，後演變行政人員訓練機關。故東漢郎中令之權不及西漢。

（3）衛尉

景帝時曾更名中大夫令。掌宮門衛屯兵，故衛尉亦在宮內。屬官有公車司馬、衛士、旅賁三令、丞及其他屯衛官。衛尉專指未央宮衛尉，常置。其他宮不常置衛，且其衛尉官號書明宮名，如太后所居之長樂宮，有太后時置衛，官名長樂衛尉。

（4）太僕

掌輿馬，大駕則執馭。屬官有車府令丞及大廄、未央、家馬、駿馬等六廄令丞，以及邊郡六牧師苑令丞。西北邊凡苑三十六所，養馬三十萬匹。此因掌天子車馬而推及國家馬政。

（5）廷尉

廷尉，秦官，景帝更名大理，武帝建元四年復名廷尉，掌刑獄。凡郡國讞疑罪，皆處當（相當於某條法律）以報。廷尉為掌國政之官，然觀其名稱，本亦人主宮廷之職。廷尉執法為天下之平，已下廷尉，雖天子亦不當干涉。（見參考資料五）

廷尉猶今最高法院兼司法行政部，既掌司法行政，又就刑案作最後審判，然有時亦奏上皇帝親決。特別大獄，又有會審之制。

（6）典客→大行令→大鴻臚

典客，秦官，掌諸歸義蠻夷及諸侯。景帝中六年更名大行令，武帝太初元年更名大鴻臚。屬官有行人（太初元年更名大行令）、譯官、別火三令丞，及郡邸長丞。

舊有典屬國，後併職於大鴻臚。

（7）宗正

秦官，掌皇帝親屬。序王國嫡庶之次及諸宗室親屬遠近，例以宗正為之。

（8）治粟內史→大農令→大司農

治粟內史，秦官。景帝後元年更名大農令，武帝太初元年更名大司農。掌諸錢穀金帛諸貨幣。郡國四時上月旦見錢穀簿，邊郡諸官請調度者，皆為報給，損多益寡，取相給足。其職署如今之財政部、經濟部。

其屬官有太倉、均輸、平準、都内（主錢財儲備）、籍田、斡官、鐵市，分置令或長。又郡國諸倉、農監、都水六十五官（鹽官、鐵官，當在内）各置長丞，皆屬之。

（9）少府

掌山海池澤之稅及市租，以供皇室用度。

顏師古曰：「大司農供軍國之用，少府以養天子。」此見漢宫中、府中之財政用度分得很清楚。

少府屬官特多，諸凡宫中一切生活如食、衣、文書、娛樂、醫藥、奴婢、喪葬皆有專官掌理，歸少府統轄，故少府實為皇室的管家，「少府」之名亦對「大府」而言。

以上九者東漢之九卿，蓋西漢三公制實行後已如此。

（10）中尉→執金吾

中尉，秦官，掌徼循（巡）京師（宫外）。武帝太初元年更名執金吾。吾猶禦也。

應劭曰：「執金革以禦非常。屬官有武庫等令丞。」

按：長安宫廷防衛森嚴，皇帝殿閣由郎中令防衛；殿外宫内，由衛尉防衛；宫外長安城，由執金吾防衛。

（11）內史

後分為左、右內史，右內史更名京兆尹，左內史更名左馮翊。

（12）主爵都尉→右扶風

內史掌京師畿內，主爵掌列侯，更名為京兆尹、左馮翊、右扶風之後，稱為三輔，分掌畿內數十縣，既為中央官，又為地方官，但皆位列於九卿。

（13）卿制總論

A．秦、漢之卿本多由君主家臣發展而來。即就所謂九卿者而論，除「廷尉」、「大司農」、「大鴻臚」所掌為國家政務外，其「太常」、「光祿勳」、「衛尉」、「太僕」、「宗正」、「少府」六卿皆天子家臣。有或兼長國政，有或演變為掌國政之職耳。

B．漢代諸卿大多各統領若干署。署置令或長，故令之名為卿下之低級長官。然前列諸卿在秦及漢初亦往往稱為「令」，如「光祿勳」曰「郎中令」；「衛尉」曰「中大夫令」；「大司農」曰「大農令」；「大鴻臚」曰「大行令」，則以「卿」統「令」之整齊制度當是較後之事制。按：中大夫令之定名衛尉在景帝世，而郎中、大農、大行三令之更名皆在武帝太初元年，則以「卿」統「令」之系統化，當是武帝末年事，而「卿」名確定亦在武帝末年。署名之確定及其隸屬關係之確定，亦大抵如此。

C．漢代前期雖已有「九卿」之名，然卿數實非為「九」。考之載籍，稱為卿者至少十四個。大抵九卿制度正式成立當與「三公」制度同時。

D．漢諸卿之職，上承君相分掌政務，諸凡政策之擬定與執行，皆是其職，故地位極崇，屬官組織亦龐大。

第四章　地方行政制度

［詳中國地方行政制度史第一、二册秦漢地方行政制度］

注意要點：

（1）地方行政結構。

漢初制度一切承襲秦，惟統治地方的政策，為適應當時客觀形勢，採取郡縣與封建雙軌並行制度：

中央政府——郡——縣
　　　　└——王國——郡——縣

景帝、武帝以後，封建王國名存實亡，王國行政權全操於中央任命之國相，故名為封建王國，實與一般郡無異，故此時表面上仍為郡與國雙軌制，實際上已為單軌制，與秦相同。

中央政府——郡（王國）——縣

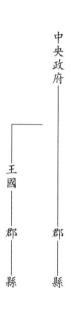

（2）漢代地方行政制度之優點：

A. 地方長官在其轄境有完整且强有力的軍政權，可獨斷獨行，不受任何牽制，故行政效率極高。且郡國一百有多，各郡國地方不大，其强固的軍政權力不會形成對中央的威脅。

B. 郡、縣長官一定要用他郡人，但其屬吏一定要用本郡本縣人，故長官對於屬吏雖有絶對控制權，但不能任用私人，屬吏雖自治本鄉，但須絶對服從長官命令。

C. 登仕之途徑，主要的是由地方長官就屬吏中或轄境之平民中選拔優秀分子，送到中央。只有在地方上表現其能力與德行，才能以求上進之機會，故人才得以分布在四方，地方行政亦得以辦得好。不像後代，人才集中到中央，一為地方小吏，便無出路機會，行政辦事亦沒有積極性。

D. 地方自治的精神為歷代所不及。

第五章　任用制度

一、秩禄與印綬

（1）秩祿表

秩位	重要職官	東漢月俸	附注
萬石	丞相、太尉、三公	350斛	外戚傳顏注：石即斛。
中二千石	諸卿	180斛	
二千石	太子太傅、校尉、郡太守	120斛	
比二千石	光祿大夫、中郎將、郡都尉	100斛	
千石	諸卿丞大縣令	80斛	
比千石	太中大夫		
八百石			外戚傳補注引漢紀又有九百石、七百石。又東漢省八百石、比八百石秩。
七八百石			

續表

秩位	重要職官	東漢月俸	附注
六百石	縣令、刺史	70斛	
比六百石	博士、中郎、謁者	50斛	
五百石			東漢省
比五百石			
四百石	縣長	45斛	
比四百石	侍郎	40斛	
三百石	縣長	40斛	
比三百石		37斛	
二百石		30斛	
比二百石		27斛	
百石		16斛	
斗食		11斛	
佐史		8斛	
佐史		8斛	

漢吏禄甚薄，低級官員之俸禄，不足以給養妻子，詳見崔寔政論。仲長統以為本秦之舊，薄吏禄以給軍用。

（2）印綬

天子用璽，傳國璽以和氏璧為之。

金璽禄綬——諸侯國王。

金印紫綬——丞相（相國禄綬）、太尉、三公、上將軍。

銀印青綬——御史大夫以下至比二千石。

銅印墨綬——千石至比六百石。

銅印黃綬——五百石至比二百石

散官，加官，及大夫、博士、議郎、郎中等皆無印綬。

二、任用種類與任用限制（從略）

三、仕途

（1）蔭任。

漢舊儀：「吏二千石以上視事滿三年，得保同產（即兄弟）若（或）子一人為郎。」王吉傳疏稱：「今使俗吏得任子弟，率多驕驁，不通古今……宜明選求賢，除任子之令。」哀帝即位，除任子之令。其後雖有任子者，但硬性規定任子之權，已不復見。

（2）貲選。

漢儀注：「訾五百萬，得常侍郎。」按：錢五百萬即金五百斤，漢世十金為中家之產，故五百萬極富有者。

（3）地方定期察舉之一：郡國舉孝廉。

A．孝廉制之起源：漢舊儀：「高后選孝悌為郎。」此為選孝悌之始見。循吏文翁傳：「以郡縣察舉，景帝末年為蜀郡守。……選郡縣小吏開敏有材者，以為右職，用次察舉，官有至郡守刺史者。」知漢初已有郡縣察舉之制。

B．孝廉制之確立：蓋於武帝建元元年。

漢書董仲舒傳對策曰：

「夫長吏多出於郎中、中郎。吏二千石子弟選郎吏，又以富訾，未必賢也。……臣愚以為使諸列侯、郡守、二千石各擇其吏民之賢者，歲貢各二人，以給宿衛。且以觀大臣之能，所貢賢者有賞，所貢不肖者有罰。夫如是，諸侯吏二千石皆盡心於求賢，天下之士可得而官使也。」

數年以後，元光元年（武帝即位第七年）始詔郡國貢孝廉各一人。班固曰：「州郡舉茂才孝廉，皆自仲舒發之。」

C. 孝廉制之內容：

甲：察舉者之資格——郡守、王國相。順帝詔曰：「其令郡國守相視事未滿歲者，一切得舉孝廉吏。」是强制，視事未滿歲者不得舉人。

乙：被舉者之資格——前後標準有異。本為「孝」、「廉」兩科。孝舉民，廉察吏。後併為一科，兼察吏與民。東漢大約只察舉吏，至和帝時，左雄又奏限年四十以上。

丙：察舉人數——武帝元光元年詔，本為每郡國各一人，不知何時增為兩人。東漢和帝以為不均，從丁鴻議，以户口為率，每二十萬口舉一人；不滿二十萬，二歲一人；不滿十萬，三歲一人。稍後邊郡（幽、并、涼）例外，口十萬以上，歲亦舉一人；不滿十萬二歲一人；五萬以下，三歲一人。

丁：除官——孝廉到中央，例除郎中，稱為孝廉郎，碑刻中所見之郎，十之八九皆由孝廉出身。

（4）地方定期察舉制之二：州舉茂才。

武帝元封四年令諸州各舉秀才一人，似為特舉，非歲舉。東漢避光武帝諱，改稱茂才（魏復曰秀才），為歲舉，即定期察舉。地位較孝廉為高，多得為縣令。

按：續百官志注引漢官目録所記光武帝建武十二年詔書，三公、九卿、軍將與司隸州牧同得舉茂才，且得舉廉吏。因三公、九卿、軍將人數不多，似亦非强制，故其察舉不如郡國守相及州刺史察舉之大有影響。

（5）博士弟子甲科：此為武帝時丞相公孫弘所奏定。

史記儒林傳：

弘奏曰：「為博士官置弟子五十人，復其身。太常擇民年十八以上，儀狀端正者，補博士弟子。郡國縣道邑有好文學、敬長上、肅政教、順鄉里、出入不悖所聞者，令相長丞上屬所二千石（郡守、國相），二千石謹察可者，當與計偕，詣太常，得受業如弟子。一歲皆輒試，能通一藝以上，補文學掌故缺；其高弟可以為郎中者，太常籍奏。」制曰：「可。」

漢舊儀云：

「太常博士弟子試射策，中甲科補郎，中乙科補掌故。」

(6) 公府(相府)掾。

武帝時丞相公孫弘開東閣辟士，漢舊儀上云：

「丞相設四科之辟，以博選異德名士，稱才量能，不宜者還故官。第一科曰德行高妙，志節清白。二科曰學通行修，經中博士。三科曰明曉法令，足以決疑，能案章覆問，文中御史。四科曰剛毅多略，遭事不惑，明足以照姦，勇足以決斷，才任三輔劇令。……第一科補西曹南閣祭酒，二科補議曹，三科補四辭八奏，四科補賊決。」

按：所補皆為丞相府諸曹屬吏，稱為公府掾。府掾外放，或期月而掌州郡，或數歲而至公卿。此類人升官較快，因曾於丞相府辦事，故此亦為一重要仕途。

(7) 詔舉：不定期選舉。

由皇帝下詔舉之，既無定期，亦無一定科目，何人有選舉權亦隨時不同，全由詔書隨時決定。科目雖無一定，但多少可作歸類，有：

A. 賢良方正，直言極諫。

B．文學茂材。

C．勇武知兵法。

D．德行。

E．其他——因事立名。

詔舉多因災異或因臨時需要而下詔選舉。選舉者之資格，自丞相、御史大夫以下至州郡長官皆有之，或臨時遣中央官吏出巡，因而選舉人才，被舉者到中央，或由皇帝親自第試。

（8）結論。

漢代仕途，主要者不外上列七徑。第一種「蔭任」，蓋為古代貴族制之遺存。第二種「貲選」，當為戰國以來所興起，可視為資產階級、新興貴族之特權。此二者便利達官富豪子弟之進身，自非合理之制度。「孝廉」、「茂才」、「射策甲科」、「公府」四途，則為一般文吏儒生努力進身之階，而大抵皆創始於武帝之世。「詔舉」，漢初已行之，其定制亦在武帝以後，為平民及低級官員仕進之顯途。自此以後，「蔭任」、「貲選」兩途漸見衰替，而「孝廉」以下諸途，逐漸倡盛，遂使漢代政治本質起重大變化。

蓋自戰國以來，政權已逐漸開放，漢祖崛起草莽，政府陣容，可謂徹底平民化。此實曠古未有之新面。然彼輩既純樸農工，於政治設施茫然不解，更無新理想可言，故一切法制，悉承秦舊,「蔭任」、「貲選」蓋其類耳。是以功臣封侯食采,子弟平流湧進,而不知隨時向民間吸收新因素,增加新血輪,致政府與民間日逐懸隔,在上人材日稀,在下民情隔膜。上下不能連貫,有僵化為新貴族之趨向。逮「孝廉」、「茂才」、「射策」、「公府」之制行,遂使民間優秀分子有進身之階,而政府亦可隨時與民間接觸,吸收新空氣,增加新血輪,俾能新陳代謝,永遠保持有朝氣之新生命,而政府之社會基礎,亦因之而鞏固。此等制度,使文人主政之力,為他代所不能比。且「孝廉」、「茂才」來自四方,雖邊遠荒裔,皆可自達,觀光京師,向心朝化。漢世始自列國歸於一統,又復開拓疆土,倍於舊壤,皆賴此類制度,凝聚四方之向心力,增强國家統一基礎,政府有縱的社會基礎,有横的地理基礎,漢世所以能統一控制四百年,此為一重要因素;而中國二千年統一政府,亦於焉植基。

本編約述

（1）秦代政制大體為戰國制度之集結，而作進一步之行政集中。可謂法家思想發揮到極高點。

（2）漢初政制除了適應客觀環境實行郡縣、封建雙軌制之外，一切制度皆承秦之舊，惟政令則反秦之弊。因為政令反秦之弊，故制度形式雖與秦不異，但統治狀況實甚鬆懈，此與當時社會情況，黃老思想，以及朝廷當政者之素質皆有關係。

（3）秦代實行中央集權，而中央權力又集中在皇帝。漢高祖統一天下不久即棄世，不及收攬政權，而功臣集團勢力龐大，丞相為此集團之領袖，故對於國政有極大之處理權力。同時對於地方亦採取放任政策，封建王國固保持其半獨立狀態；即郡守亦多為功臣出任，對於郡政可自由處理，中央常不干涉。

（4）後來朝廷漸採集權政策，逐漸削弱地方行政權。到武帝時代，功臣集團之勢力已衰，武帝又為雄才大略之主，遂得乘機收攬政權，在中央形成內朝，控制政府，使外朝丞相九卿漸退處於執行內朝所定政策之地位。在地方，建立刺史監察郡國之州制。這樣又傾向於中央集權，且權力集中到皇帝，不在丞相。

（5）權力集中到皇帝，勢必常常走上大權旁落之地步。武帝以後權力常掌握在內朝大臣之手，而有外戚、宦官之禍。

（6）武帝收攬政權，對於漢廷而言，可謂為一大失策，然武帝對於政制，亦有其重大優異之創建，最主要者為建立平民入仕之途徑。漢初，入仕之重要途徑有二，一為蔭任，二為貲選，這樣長久下去，便會僵化為貴族政治。武帝創建郡察孝廉，州舉茂才，及博士弟子射策甲科等制度，開平民知識分子入仕之坦途，因此促成社會之靈動性（social mobility）。後來隋唐進士科舉亦是沿此方向發展，使中國社會不能產生固定的貴族階級，此與印度、日本、歐洲社會大有不同。且孝廉、茂才皆地方推薦而來，全國百餘郡國，無論其在中原或邊疆，無論居民之為華夏民族，或邊裔少數民族，亦無論其經濟文化發展之高低，一律一視同仁，皆以户口多少為比例。推薦人才到中央為郎官，在首都觀摩數年，然後分派在中央或地方(不到本籍任職，這樣增加了地方四裔對中央的向心力。秦漢時代中國第一次走上統一之途，能維持四百年之久，此一制度盡了相當的功能。中國經此長久的統一局面，已凝成為不可分之一體，自後政治上縱然時或有離心的叛亂出現，但最後終歸統一，得此制度影響甚大。換言之，中國二千年來世界性國家之局面，為曠世所未有，此一具有闊大胸襟不分夷夏一視同仁之制度，實有其歷史性的影響作用。

附録：　參考資料

（一）史記卷五六陳丞相世家：

「孝文帝乃以絳侯（周）勃為右丞相，位次第一；平徙為左丞相（原為右丞相），位次第二。……居頃之，孝文皇帝既益明習國家事，朝而問右丞相勃曰：『天下一歲決獄幾何？』勃謝曰：『不知。』問：『天下一歲錢穀出入幾何？』勃又謝不知。汗出沾背，愧不能對。於是上亦問左丞相平。平曰：『有主者。』上曰：『主者謂誰？』平曰：『陛下即問決獄，責廷尉；問錢穀，責治粟内史。』上曰：『苟各有主者，而君所主何事也？』平謝曰：『主臣！（張晏曰，若今人謝曰惶恐）陛下不知其駑下，使待罪宰相。宰相者，上佐天子理陰陽、順四時，下育萬物之宜；外鎮撫四夷、諸侯，内親附百姓，使卿大夫各得任其職焉。』孝文帝乃稱善。右丞相大慚。出而讓陳平曰：『君獨不素教我對！』陳平笑曰：『君居其位，不知其任邪？且陛下即問長安中盜賊數，君欲彊對邪？』於是絳侯自知其能不如平遠矣。居頃之，絳侯謝病請免相，陳平專為一丞相。」

（二）褚補三王世家：

「元狩六年封王之制：『御史大夫湯下丞相，丞相下中二千石，二千石下（此下字衍）郡太守、諸侯相。』」

居延簡：

「□□（御史）大夫廣明下丞相，丞相義下中二千石、二千石、郡太守、諸侯相。」

又簡：

「丞相相下車騎將軍、將軍、中二千石、二千石、郡太守、諸侯相。」

漢書卷五九張安世傳：宣帝時，安世拜大司馬車騎將軍，領尚書事。「職典樞機，以謹慎周密自著，外内無間。每定大政，已決，輒移病出。聞有詔令，乃驚，使吏之丞相府問焉。自朝廷大臣莫知其與議也」。

（三）漢書卷六四上嚴助傳：

「郡舉賢良，對策百餘人，武帝善助對，繇是獨擢助為中大夫。後得朱買臣、吾丘壽王、司馬相如、主父偃、徐樂、嚴安、東方朔、枚皋、膠倉、終軍、嚴蔥奇等，並在左右。是時征伐四夷，開置邊郡，軍旅數發，内改制度，朝廷多事，婁舉賢良文學之士。公孫弘起徒步，數年至丞相，開東閣，延賢人與謀議，朝覲奏事，因言國家便宜。上令助等與大臣辯論，中外相應以義理之文，大臣數詘。」

漢書卷七七劉輔傳引孟康曰：

「中朝，内朝也。大司馬左右前後將軍、侍中、常侍、散騎、諸吏為中朝。丞相以下至六百石為外朝也。」

錢大昕三史拾遺：

「漢書稱中朝官或稱中朝者，或稱朝者，其文非一，惟孟康此注最為分明……給事中亦中朝官，孟康所舉不無遺漏矣。（耕望按：左右曹亦中朝官下缺漢也在中朝官之列。）然中外朝之分，漢初蓋未之有，武帝始以嚴助、主父偃輩入直承明，與參謀議，而秩尚卑。衛青、霍去病雖貴幸，亦未干丞相御史職事。至昭、宣之世，大將軍權兼中外，又置前後左右將軍，在内朝預聞政事，而由庶僚加侍中、給事中者，皆自託為腹心之臣矣。此西京朝局之變，史家未言明之，讀者可推撿而得也。」

（四）漢書卷六六楊敞傳：

「為丞相。……大將軍（霍）光與車騎將軍張安世謀欲廢（昌邑）王更立。議既定，使大司農田延年報敞。敞驚懼，不知所言，汗出洽背，徒唯唯而已。延年起至更衣，敞夫人遽從東箱（廂）謂敞曰：『此國大事，今大將軍議已定，使九卿來報君侯，君侯不疾應，與大將軍同心，猶與無決，先事誅矣。』延年從更衣還，敞、夫人與延年參語許諾，請奉大將軍教令，遂共廢昌邑王。」

（五）漢書卷五〇張釋之傳：

民驚乘輿，文帝以付廷尉論之，釋之處以罰金。帝怒，釋之曰：「法者，天子所與天下公共也。今法如是，更重之，是法不信於民也。且方其時，上使使誅之則已。今已下廷尉，廷尉，天下之平也，壹傾，天下用法者皆為之輕重，民安所錯其手足？」釋之曰法者天子所與天下公共也。

漢書卷二三刑法志：

「高皇帝七年制詔御史：『獄之疑者，吏或不敢決。有罪者，久而不論；無罪者，久繫不決。自今以來，縣道官獄疑者，各讞所屬二千石官（即指郡國長官）。二千石官以其罪名當，報之。所不能決者，皆移廷尉；廷尉亦當，報之。廷尉所不能決，謹具為奏，傅（附也）所當比律令，以聞。』」

（六）漢書卷十九上百官表：

「少府，屬官有尚書、符節、太醫（先屬太常）、太官（主膳食）、湯官（主餅餌）、導官（擇米）、樂府、若盧（主收藏兵器有獄）、考工室、左弋、居室（佐弋射）、甘泉居室、左右司空、東織、西織、東園匠十六官令丞。又胞人（庖人）、都水、均官（蓋本主市價）三長丞；又上林中十池監，又中書謁者、黃門、鉤盾（主園囿）、尚方（作禁器刀劍）、御府（主天子衣服）、永巷（主宮婢）、內者（禁中布張諸物）、宦者八官令丞。諸僕射、署長、中黃門皆屬焉。」

第三編　魏晉南北朝時代

第一章　輔政制度——宰相

一、前代宰相之失權

魏仍置三公：太尉、司徒、司空，然皆不預朝政，故徐邈稱「三公論道之官」(魏志本傳)。高柔上疏云：

「公輔之臣……置之三事，不使知政，遂各偃息養高，鮮有進納。……自今之後，朝有疑議及刑獄大事，宜數以咨訪三公。三公朝朔望之日，又可特延入，講論得失……庶有禆起天聽，弘益大化。」(魏書高柔傳)

此亦僅備顧問而已，不復希望恢復舊制也。

晉初除三公外又有太宰、太傅、太保、大司馬、大將軍，八公並置，亦特顧以虛名而已。漢末以降又有相國、丞相之官，魏武居之以篡漢，司馬氏居之篡魏，其位尊崇，「多非人臣之職」，惟蜀漢諸葛亮等少數人為例外。北朝初期亦有丞相，後期為權臣之任，如爾朱榮、高歡、宇文泰、楊堅皆然，至唐高祖以大丞相之職篡位，為最後一次。

在這一時代，無論南北，三公丞相皆非宰相之任，宰相之任乃尚書、中書、門下之長官；然其權力，亦因時代因南北而不同。

二、尚書——録、令、僕

漢世，尚書臺本為皇帝祕書機關，至魏有改變。魏志陳矯傳：

「遷尚書令。明帝……車駕嘗卒至尚書門，矯跪問曰：『陛下欲何之？』帝曰：『欲案行文書耳。』矯曰：『此自臣職分，非陛下宜臨也。若臣不稱其職，則請就黜退，陛下宜還。』帝慚，回車而返。」

此明為政府行政機關，非皇帝祕書之職。

大臣位尊者，則以他官録尚書事，最為重任。此通魏、蜀、吳、兩晉及南北朝皆然，齊、梁録甚少見，惟權臣居之。令、僕亦漸優崇之職，不甚理政，至陳更甚。

宋書百官志述録尚書之職云：

「録尚書職無不總。王肅注尚書『納于大麓』曰：『堯納舜于尊顯之官，「使」大録萬機之政也。』凡重號將軍刺史，皆得命曹授用，唯不得施除及加節。」

此見其權之重。宋書謝晦傳，文帝將即位，司空録尚書事徐羨之以荆州重地，恐文帝至或別用人，「乃亟以録命除晦行都督荆、湘等七州諸軍事荆州刺史」。此其一例。然比之前代宰相，其權有分割有削弱：

A. 録事往往數人分任，各録若干條事，如晉咸康中「分置三録，王導録其一」。又云每置二録，各掌六條事。（宋書百官志）

B. 對於百官監督考課權之削弱。

C. 「諫諍」、「被諮詢」權自為門下之侍中所分。

三、中書——監、令

漢世尚書若以中人為之，則稱中尚書，省稱中書，故中書實即尚書。魏晉中書則別有來源。晉書職官志云：

「魏武帝為魏王，置祕書令，典尚書奏事。文帝黄初初，改為中書監令，以祕書左丞劉放為中書監，右丞孫資為中書令，監令蓋自此始。」

按：初學記卷一一引謝靈運晉志：「以其總掌禁中書記，謂之中書。」御覽卷二二〇引晉令：「中書為詔令，記會將相事，作文書也。」則晉志中書之職不僅掌尚書奏事，亦「為詔令」「典作文書」也。再觀劉放之見寵於魏帝，正為其善文詞，則掌詔令起草，當自魏已然，不始於晉。

由此看來，尚書之外又有中書，是因為曹操以魏王而專朝政，故於王府置祕書令，以親信為之，以典朝廷尚書臺之奏事。及曹丕篡位，遂移祕書之職於朝廷，更名中書，遂奪尚書喉舌之任。隋書百官志謂中書「管司王言」是也。

若以表列則可參下圖：

魏篡漢前：魏府 —— 朝廷

祕書 ——→ 尚書臺

魏篡漢後：皇帝
　　　　　——秘書（後改名中書）
　　　　　——尚書

通典卷二六云，西漢御史中丞居殿中，掌蘭臺祕書。桓帝始置祕書監一人，掌典閣書屬太常，「以其掌閣圖書祕記，故曰祕書」。此與中書之起源不相干。

蜀志郤正傳正為祕書令，「起草書詔」，此則與魏中書同職。職司王言，故親信有權勢超過尚書。晉書荀勗傳：荀勗由中書令遷守尚書令，甚惘悵，有賀之者，曰：「奪我鳳凰池，諸君賀我邪！」可見晉世士大夫已視尚書不如中書。至宋武帝世，傅亮為中書令，「任總國權」，每日車常數百輛，其權勢可見。

南朝後期中書職重，然權又下移至中書舍人，而令監亦與尚書令僕同樣失去權力。

南齊書卷五六倖臣傳序云：

> 「中書之職舊掌機務。漢元以令僕用事，魏明以監令專權。及在中朝（指西晉言）猶為重寄……晉令，舍人位居九品。江左置通事郎管司詔誥……建武（齊明帝年號）世，詔

命殆（百衲本作始）不關中書，專出舍人。省内舍人四人……莫非左右要密……萬機嚴密，有如尚書。」

隋書卷二六百官志上云：

「陳……定令，尚書置五員，郎二十一員。……國之政事，並由中書省。有中書舍人五人，領主事十人，書吏二百人。……分掌二十一局事，各當尚書諸曹，並為上司，總國内機要，而尚書唯聽受而已。」

北朝中書權較輕。東魏時，高歡以兒子澄領中書令，「移門下機事，盡歸中書」，此暫時事。可見北朝權不在中書。

四、門下——侍中

南朝權在尚書，北朝權在門下。侍中本侍從之職，且多為加官，然因在皇帝左右，故任遇漸重。晉武帝時任愷為侍中，「萬機大小，多管綜之」。是直如宰相。但在南朝尚不甚重。北朝則遠較南朝為重，如元義以侍中執權，録尚書事者亦多為侍中。高陽王雍曰：「詔旨之行，一由門下。」雍亦「入居門下，參決尚書奏事」。孝靜帝詔曰：「門下向背有禍福之機……軌物成務，咸必由之。」

侍中在西漢只掌乘輿服物（孔安國曾為侍中，只管「吐壺」即吐痰之事），可見西漢時侍中地位低，權力小；東漢掌侍左右，贊導衆事。顧問應對，本在禁中，章帝以後，始居禁外；魏晉以下，更進而掌諫諍，備諮詢，拾遺補闕，多種上下文書，皆得簽署，其權益重。此僅就法制而言。事實上，侍中親近皇帝，往往因諮詢諫諍而參決大政，實分宰相之權。北朝侍中特重，參決大政，尚書省反變為承受執行機關。

五、宰輔制度結論

（1）三公為尊養之官，不負行政責任，故位尊而無職權。丞相相國除極少數外，多為權臣篡奪之階。

（2）魏至宋、齊，宰相之任主要者為録尚書事及尚書令，録較令為尊重。齊孝武帝以後，不常置録，以令為主相。至陳則令亦無權任。

（3）魏、晉、南朝，中書監、中書令，及侍中亦參掌機密，但不能親為正相。就中，中書監、令較侍中為權要。然末葉，中書省之權在舍人，不在監、令。

（4）北朝權在門下。北魏雖亦以尚書令録為宰相正官，然侍中亦為宰相之任，幾與令録并牟，故有小宰相之稱。其後侍中之權轉重。至北齊，侍中之權更重，為正宰相，尚書令僕反受承行政而已。至於中書之權，則遠較南朝為弱。

第二章　中央政府分職機關

——尚書諸部與九卿

一、魏晉南朝之九卿

（1）魏晉時代，九卿與漢略同。

（2）東晉以下常有省併，如光禄勳、衛尉、太僕、宗正等時省時置。惟太常、廷尉、大司農最經常置。桓温即謂「今事歸内臺，則九卿為虚設之位」，故主張省併九卿，諸卿省併多在温當政時期。

二、魏晉南北朝尚書諸部曹

尚書通常分為六部或五部。各統若干曹郎中，最多三十六曹，最少十五曹。

三、魏晉南朝尚書部曹下侵九卿職權，侍中亦侵諸卿之職

西晉荀勗已云：「九寺可并於尚書。」御覽卷二〇三引桓温集，表云：「古以九卿綜事，不專尚書，故重九棘也。今事歸内臺，則九卿為虛設之位；惟太常、廷尉，職不可闕。」

東晉省併諸卿正在温當政時期。

按：漢代尚書僅四、五曹，最多六曹。魏晉南北朝時代尚書職權擴展，分為五、六部，分統十餘曹，多至三十六曹，職務已繁瑣。不但侵奪前代宰相之決策權，亦下侵九卿之執行權。

（1）宋、齊尚書部曹下侵九卿職權之顯例：

武庫令，本屬執金吾，宋、齊隸尚書庫部曹。

車府令，本屬太僕，宋、齊隸尚書駕部曹。

上林令，本屬少府，宋、齊隸尚書殿中曹。

材官將軍，主工匠土木之事，本漢代左右校令之任，宋、齊隸尚書起部曹及領軍。

公車令，本屬衛尉；大官令，本屬少府；太醫令，本屬少府或太常；内外驊騮廄，本屬太

僕，宋皆改隸侍中，齊皆改隸尚書。

（2）梁代尚書復以部分卿屬職權歸還九卿，然車府署仍領於尚書駕部，南北武庫仍領於庫部，公車、太官、太醫等署及驊騮廄則領於門下侍中。

四、北魏尚書部曹與九卿

北魏前期，尚書分部之可考者有殿中、太官（宰官）、南部、北部、西部、吏部、右民、儀曹、祠部、禮部、樂部、主客、駕部、庫部、都牧（牧曹）、虞曹、都官、太倉、金部等尚書，各轄若干曹。魏孝文帝改制以後，即北魏後期，令僕下有左右丞，轄六部三十六曹，其中二曹不可考（見下頁圖示）。

觀前期尚書各部之名稱，即知其多不僅掌奏事與政策，亦掌事務之執行。如魏書伊馛傳：「真君中，「轉殿中尚書，常典宿衛」。宋書毛脩之傳：「能為南人飲食，手自煎調……世祖親待之，進太官尚書……常在太官，主進御膳。」此皆明屬事務，非政務。南齊書魏虜傳稱其「殿中尚書知殿內兵馬倉庫」，「駕部尚書知牛馬驢騾」，「樂部尚書知伎樂角史伍伯」。通典稱：「後魏有左民右民尚書，多領工役。」皆屬事務執行之任，於漢皆為九卿之職，而魏皆尚書下行之也。尚書諸曹郎為各部尚書之下屬機關，自更多行九卿所屬諸署之事。至於中書省

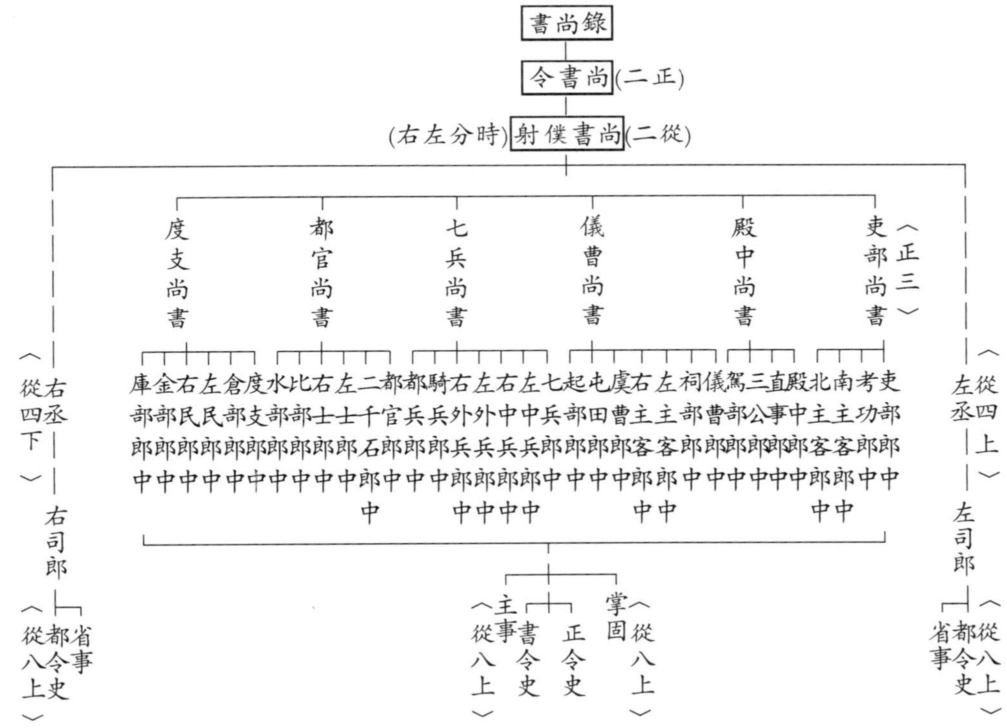
錄尚書
尚書令(正二)
(時分左右)尚書僕射(從二)
右丞(從四下)
右司郎
都令史
省事(從八上)
度支尚書
都官尚書
七兵尚書
儀曹尚書
殿中尚書
吏部尚書(正三)
左丞(從四上)
左司郎
都令史
省事(從八上)
庫部郎中
金部郎中
右民郎中
左民郎中
倉部郎中
度支郎中
水部郎中
比部郎中
右士郎中
左士郎中
二千石郎中
都官郎中
都兵郎中
騎兵郎中
右外兵郎中
左外兵郎中
右中兵郎中
左中兵郎中
七兵郎中
起部郎中
屯田郎中
虞曹郎中
右主客郎中
左主客郎中
祠部郎中
儀曹郎中
駕部郎中
三公郎中
直事郎中
殿中郎中
北主客郎中
南主客郎中
考功郎中
吏部郎中
主事(從八上)
書令史
正令史
掌固(從八上)

之與九卿，例如太常卿仍沿漢制置博士，但魏之中書省領國學，有中書博士、助教，中書學生百餘人，是亦太常之職。（關於尚書，詳見北魏尚書制度，刊嚴耕望史學論文集上編；北魏尚書制度考，刊史語所集刊第18卷。）

五、北齊三省與九卿

北齊六部與九卿職權之干涉與劃分，尚未詳考。但門下省別領六局（左右局、尚食局、尚藥局、主衣局、齋帥局、殿中局）皆為事務機關。中書省別領伶官數部，皆應屬卿署之職。

六、結論

（1）漢代九卿之職，上與君相參定本卿分職之政策，即下本卿直屬各業務機構（署）執行之，故其權極重，地位亦高。尚書只是皇帝祕書機關。東漢尚書雖已參與大政決定政策，但不管政策之執行，更不直接領轄事務機關。侍中只是侍從，亦絕不領任何事務機關。故尚書、侍中與九卿職權絕不相涉。

（2）魏晉南北朝時代，不但尚書省之長官（録、令）正式成為宰相正官，與皇帝決定大政方針；即其所屬之各部尚書亦代替九卿，協助宰相，擬定政策，且或領轄若干原屬九卿之事務機關。門下省亦常領轄若干事務機關。北朝之中書省亦有類似情形。因此，九卿不但喪失——至少削弱——其協助君相參訂政策之權，即政策執行權亦有一部分被三省所剥奪，形成三省與九卿職權干涉混亂之局面。

（3）到隋唐時代，三省皆不領事務機關，尚書六部只協助宰相制定本部政策，除銓敘與科舉等最重要事項外，皆下諸卿諸監執行之。至此，尚書六部與九卿之職權又能劃清，但九卿諸監已失其上與君相參決政策之重要權力，故地位大不如前。（此點在第四編論之。）

（4）演變示意表

時代＼職權	政策決定	政策參與	事務執行
漢代	皇帝，丞相或其他輔政者	九卿	九卿
魏晉南北朝	皇帝，三省長官	三省各部曹／九卿	三省各部曹 九卿
唐代（前期）	皇帝，三省長官（制命）	尚書六部（政令之擬定與頒發）	九卿，諸監（政令之執行）

第三章　地方行政制度

魏晉南北朝之地方行政制度，因軍政情勢之演變而異於漢代者，有下列五事：（北魏特別，不計）

第一，州刺史之地方官化，形成州、郡、縣三級制。

第二，都督制度之形成，都督府各統若干州，形成府、州、郡、縣四級制。

第三，州府僚佐之府、州雙軌制。（兩個組織系統）

第四，長官擁帶部曲制。

第五，地方豪族把持地方政治。

（看本書附録中國地方行政制度史第九節約論）

中國史上之行政制度有漢、唐兩種重要典型。唐型制度與漢型制度雖差別極大，但唐型乃由漢型慢慢演化而來，此由前文所述論之輔政機構與中央政務分職機構兩種制度之演變，已可作例證說明漢型制度演變為唐型制度之過程，但最好之例證仍為地方制度。地方行政制度已有中國地方行政制度史專書可看，茲僅就唐型係由漢型制度演化而來之一觀點，列舉數事如次。

一、州郡之增置與整理

漢行郡、縣二級制，州僅為監察區。漢末大亂，適應軍事上之需要，州演變為統郡地方行政區劃，州刺史為地方最高行政官。及魏晉南北朝時代，又適應時勢需要，州、郡增置日多：

	州數	郡數	縣/侯國數
西漢末	13	103	1585
東漢中葉	13	105	1150
西晉	19	173（注1）	?
南北朝初期	38	313（加鎮20）（注2）	?
南北朝末期	275	663（注3）	1500上下

注1：是漢代政治穩定時期，甚少變動。經三國至西晉，州增二分之一，郡增三分之二。

注2：是南北朝初期，視西晉州、郡各增一倍；末期視西晉，州為十四倍半，郡幾四倍。

注3：南北朝末期，州為漢之二十一倍，郡為漢之六倍，縣數則所增不多。如此增衍之故有二：其一分割酬庸，其二流民僑置。

州、郡增置太多，行政經費開支龐大，而行政效率反而低落。北齊書文宣帝紀天保七年詔曰：「百室之邑，便立州名，三户之民，空張郡目。」遂一舉「併省三州，一百五十三郡，五百八十九縣，三鎮二十六戍」。可謂氣魄很大之一次改革。隋文帝繼之，盡廢諸郡以州統縣，凡州二百九十七，縣一千三百四十八，遂開唐制。

二、都督區與都督府

漢末為軍事需要而置都督，各統若干州軍事，後因統軍而兼統民政、司法、財政，成為州以上之最高級行政長官。其督區至東晉亦制度化。

東晉、南朝前期通常有十餘個都督府，北朝亦有十餘個，後同稱總管府。隋統一天下，經常建置之總管府三十個，此即唐以後府制之來源。唐代節度使制實亦來自於魏晉南北朝之都督制，並非一特别之制度。

三、鎮之起源與演變

鎮本為邊疆民族進入中原後所興起之軍事鎮攝制度，故可稱為軍鎮。五胡亂華初期已有之。北魏之初，建置稍多。太武帝開拓疆土，遍置軍鎮，其轄境之西北部僅置軍鎮，不置州郡。東南華(漢)人區則鎮、州兼置，而鎮將或兼統若干州，故鎮將地位權力在州刺史之上。孝文帝鋭意華(漢)化，逐漸廢除軍鎮，所保存者，地位亦漸低。其後漸與郡為比，又後而縣之比。唐代之鎮多統於縣，是如鄉之比而較重要耳，然仍為軍事而設。因軍鎮而會市，故至宋以後，鎮即鄉聚之繁榮者耳。故鎮常與市聯稱為「市鎮」，與北朝本與軍聯稱為「軍鎮」者大異。

四、州府僚佐組織

漢代州佐吏之重要者有主簿、别駕從事史、治中從事史、簿曹從事史、兵曹從事史、部郡國從事史等，皆由州刺史自由辟用本州之人為之。刺史本為丞相府派出之丞相史，故跟從刺史者，只能稱「從事史」(亦有臨時之意)，然職名皆稱從事史，成為一個組織系統，可稱為「州吏」。

魏晉以下，州刺史往往加將軍加都督，將軍開府置佐，故此時諸州除沒加將軍都督的刺史，仍僅「州吏」系統之佐吏外，一般加將軍都督之州刺史，其佐助吏皆有「州吏」與「府佐」(將軍府佐)兩個系統。至若州境有蠻夷者，刺史又帶「蠻夷校尉」。如荆州刺史帶南蠻校尉，雍州刺史帶寧蠻校尉，寧州刺史帶鎮蠻校尉。凡帶此校尉者，另置校尉府佐，稱為小府，故此等州長官之佐吏有「州吏」、「將軍府佐」、「校尉府佐」三個系統。例如：宋世爨龍顔為寧州刺史，加龍驤將軍，領鎮蠻校尉，今傳世寧州刺史爨龍顔碑陰（金石續編卷一，八瓊室金石補正卷一皆收此刻）僚佐題名分為三組：

（龍驤）府長史	鎮蠻長史	（州）別駕（從事）
司馬	司馬	治中（從事）
録事參軍	録事參軍	主簿
功曹參軍	功曹參軍	西曹（書佐）
倉曹參軍	倉曹參軍	門下（曹）
户曹參軍	户曹參軍	録事
中兵參軍	中兵參軍	户曹（從事）
府功曹	蠻府功曹	記室（從事）
主簿	主簿	省事
朝直		
麾下都曹		
書佐		
幹		

寧州為僻遠小州，府州置佐皆簡，上列員額可視為一般州府之最基本佐吏。府佐皆由中央除授，但長官有推薦權；凡州佐吏仍承漢制由長官自由辟用本籍人士為之。

軍府始置，本理軍務，地方行政仍歸承漢來之州吏掌理。然積時既久，軍府佐官漸奪州佐吏之行政權。至南北朝時代，地方行政（軍事、民事）全歸府佐，而自漢以來相承之州吏轉處閑散，為地方人士祿養仕進之階。此種轉變，其原因有三：

第一，州佐吏雖承漢制由長官辟用本地人，然長官莅任人地生疏，兼以此時地方豪族勢力强大，競相推薦，故名雖自辟，而情實疏間，不能得到長官之信任。至於府佐，或由君主簡派腹心，或由長官推薦親信，挾除授之勢，恃親信之權，自較州佐吏為强。

第二，戰事頻繁，軍事第一，府佐勢必佔優勢。

第三，府主有缺，或因事他行，軍府上佐之長史，地位遠高於州吏之別駕，故為刺史之法定代行人，稱為「行事」。加以宋、齊君主猜忌特甚，方鎮之任（即州刺史）不任大臣，常以皇子領其名，而以長史為「行事」，實掌軍政，與都督刺史無異。甚至亦不任上佐（長史），而以小吏典籤，陰制州府之政令。長史、典籤皆為府佐，則府佐一系之得勢，自不待言。

如此一來，至南北朝末期，地方軍民行政全由府佐處理，州佐吏等於虛設。因為他們為本籍人，故有「鄉官」之稱，隋文帝廢鄉官，即指此佐官而言。故隋唐時代州長官之佐官又只有一個系統如次：

長史、司馬、録事參軍、司功參軍、司倉參軍、司户參軍、司兵參軍、司法參軍、司士參軍、參軍事……此類皆由中央除授，不一定為本籍人。此類職名與漢世州屬吏全異；由中央除用，不限本地人，亦異。其交替演變全在魏晉南北朝時代，而由隋文帝整理完成之。

五、魏晉南北朝地方制度之結論

——以地方改制度為例證，説明中國政制由「秦漢型」轉變為「隋唐型」之過程

魏晉南北朝時代，因為政局過分動盪，影響各種制度不能成一定型。然中國政治制度上有兩個最重要的典型制度——「秦漢型」與「隋唐型」。此兩型制度完全不同，並非有一人革廢漢制另創唐制，只是秦漢型制度因情勢推移，逐漸變為完全不同之隋唐型。此種轉變過程當於最紛亂之魏晉南北朝時代求之，而地方行政制度之演變尤其為標準之例證。

第一，最明顯且為一般人所知者：漢行郡、縣兩級制，州為監察機構，為數只有十三個。唐世州代替漢代郡的地位，而為數多至三百餘。此乃因魏晉南北朝時代為適應軍事需要，州變為行政區。又以僑置、酬庸與開發之故，數目逐漸增多，致一州僅統數縣，權任不及漢代之郡，而當時之郡吏卑微成為不必要之機構，故隋文帝廢之，遂成以州統縣之局。

第二，最能顯示「秦漢型」與「隋唐型」交替變化者，當為州佐吏之組織與任用。漢代州吏稱為「從事」，由刺史自由任用本州人為之；唐代州佐稱為「參軍」，由中央任用，不限本籍（大抵以外籍為原則），其轉變亦在魏晉南北朝時代。魏晉之州本承漢制，置州吏諸從事。然刺史常加將軍，故置長史、司馬；中央又時遣員參其軍事。至東晉始形成軍府，恒置長史、司馬、諸曹參軍。於是州將置佐，有「州吏」、「府佐」兩系統，一治民事，一治軍事。「州吏」仍承漢制，由刺史辟用本州人，而府佐則由中央任命，不限本州人。積時既久，「府佐」漸奪「州吏」治民之權，「州吏」遂轉處閒散，為地方人士祿養仕進之階。蓋此時地方豪族方强，州長官雖自辟州吏，然多被動辟用，情實疏間，而府佐或由時君簡派，或長官推薦親信為之，挾除授之勢，持親信之權，以凌疏間之吏，則州吏一職，勢必退處閒散。況戰爭頻繁，軍事第一，更予府佐侵權之機會。及隋文統一，不必顧慮地方豪族勢力之反對，遂毅然廢除無實際權責之州吏，僅存府佐諸參軍一系統。此系統本由中央任命，故自隋以後，一命以上，皆由中央。非隋文特意作此集權式安排，實由歷史演變之必然結果。交替狀況可略示如下圖：

漢	魏晉	南北朝	隋唐
州吏（從事）	州吏（從事） 府佐（參軍）	州吏（從事） 府佐（參軍）	（府佐） 州佐 （參軍）

第三，唐初都督府制本承南北朝而來，即中葉以下之節度使制，亦即承仿都督而來；唐代方鎮擁帶部曲在魏晉南北朝時代亦已早有先例。又如漢代縣之下早有「鄉」，而唐代縣之下有「鄉」、「鎮」并列，鎮亦由北魏特制之軍鎮制度逐漸轉變而來。

六、補北魏地方統治政策

北魏疆域東至於海，西至天山南路，南抵淮水、漢水，北有內蒙草原，土地廣大，民族複雜，若自和龍（今朝陽縣）向西南，經平城（今大同市）、太原、龍門，橫過渭北經天水至嘉陵江上源劃一斜線，將北魏疆域劃分東南與西北兩區：東南區，大抵為華人區，非華人雜居者甚少；西北區大抵為非華人區，華人雜居其間者亦不算多。北魏（尤其前期）之統治方法，因地區、因民族而異。東南華人區，仍采取華人舊傳統之州、郡、縣制度。西北地區，其鮮卑聚居地，或早期降附諸部族聚居區，以「領民酋長制」統治之；其漢人以外之被征服民族聚居地則以「護軍制度」統治之，但似非全部如此。而在全國遍置軍鎮，東南地區置鎮若干，各統數州，如南朝之都督府。西北地區既不置州郡，故置軍戍，參雜於「領民酋長」與「諸部護軍」之間，其上亦置鎮以統之，著名之北邊六鎮，即是此類。其統轄情形略如左圖：

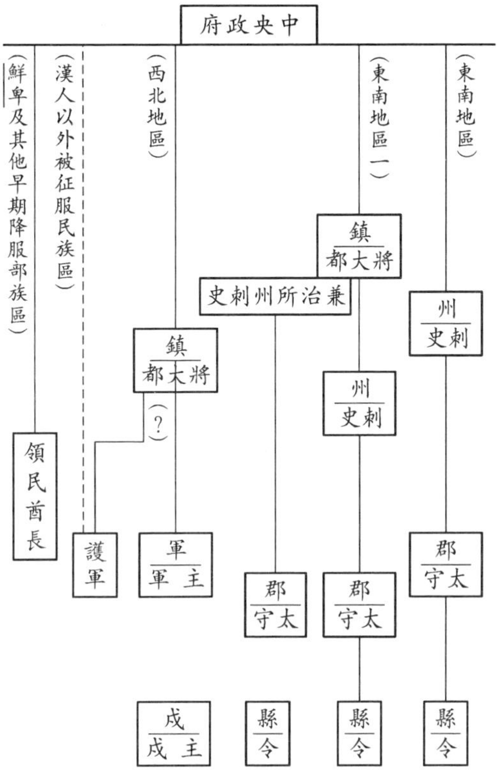

第四章 人才選拔制度

一、九品中正制成立之背景

九品中正制度對於鞏固門閥政治起了很大作用，但其建立之背景以及當時創立者之本意，卻非為鞏固門第。沈約宋書恩倖傳云：

「漢末喪亂，魏武始基，軍中倉卒，權立九品，蓋以論人才優劣，非為世族高卑。因此相沿，遂為成法。自魏至晉，莫之能改，州都郡正，以才品人，而舉世人才，升降蓋寡。徒以馮藉世資，用相陵駕。」

此論創立本意與結果適得其反，甚為綮肯。至於其產生之背景約有數端：

（1）兼顧鄉舉里選的舊傳統與戰亂中人士流移之新環境。此為過去一般的說法，晉書卷三六衛瓘傳請廢九品中正疏云：「魏氏承顛覆之運，起喪亂之後，人士流移，考詳無地，故立九品之制，粗具一時選用之本耳。」可為代表。

（2）漢末鄉議已由少數人主持。東漢郡國察舉雖由郡守國相選拔，但其選舉標準已往往取決於地方上少數人的評議。如郭太傳注引謝承書云：「泰之所名，人品乃定。」又如許劭傳：與兄靖「俱有高名，好共覈論鄉黨人物，每月輒更其品題，故汝南俗有月旦評焉」。又云：「天下之拔士者，咸稱許、郭。」可見少數名士之評論對於察舉制度之影響。魏世設立中正只是此種情形之官式化。

（3）魏政府争取主動，將評議權由地方上之個人移歸政府。鄉閭清議與地方大族相結合助長大族聲勢。曹魏推行法家政治，欲建立中央集權政府，自不容有大族清議之存在。然鄉閭評議已有長久歷史，此種社會情勢不易剷除，故率性將鄉閭評議移歸中央政府，既可顯示對舊傳統的社會風尚予以支持，又可藉此加以控制。晉書劉毅傳疏云：「置州都者，取州里清議，咸所歸服，將以鎮異同，一言議。」意在統一清議，即寓控制之意。

（4）「九品」之名當本之於漢書古今人表，但不知漢末郭、許等評題是否已分為九等。

二、九品中正制之影響與時人對於此制度之態度

此制度加速門閥社會、門閥政治之形成，並鞏固大族對於政治社會之統治，自不待言。另外附帶形成的官品制度，一直維持到清代。

當時人士對於此制度之態度前後頗異，在魏晉時代尚有很多人反對此種制度，如衛瓘、劉毅、段灼，皆見晉書。此因為當時世族統治尚未鞏固。等到南北朝時代，世族統治門閥社會已完全鞏固了，時人認為士庶之别為理所當然，所以就無人反對，如梁書楊公則傳云：「湘俗單家以賂求州職，公則至，悉斷之，所辟引皆州郡著姓。高祖班下，諸州以為法。」

此外，魏書劉昶傳孝文帝曰：「或言惟能是寄，不必拘門，朕以為不然……故令班鏡九流，清一朝軌。」其本意只在提高鮮卑族在政治社會上之地位，實行鮮卑貴族與漢人高門對人民之聯合統治。

三、附録：州郡察舉制度

宋書百官志下云：漢州舉秀才，「後漢避光武諱，改茂才。魏復曰秀才。晉江左，揚州歲舉二人，諸州舉一人，或三歲一人，隨州大小，並對策問」。

晉令云：「舉秀才，必五策皆通，拜為郎中。一策不通，不得選。」

晉書華譚傳載，太康中，譚舉秀才，至洛陽，武帝親之。所問正是五策，皆為時務經國之計，與漢世策問賢良方正相類。又晉書孔坦傳謂太興三年奏議云：「秀才雖以事策，亦氾問經義。」然東晉以下，其制漸弛。

宋書武帝紀永初二年二月己丑，「車駕幸延賢堂，策試諸州郡秀才孝廉」。

齊書武帝紀謂永明四年正月辛卯，「車駕幸中堂，舉秀才」。

隋書經籍志四集部有宋元嘉策秀孝文十卷、梁孝秀對策十二卷。

周書宣帝紀宣政元年六月即位，八月詔制九條，宣下州郡，其八曰：「州舉高才博學者為秀才，郡舉經明行修者為孝廉，上州……下郡三歲一人。」

魏書卷六六崔亮傳劉景安書規亮曰：「朝廷貢秀才，只求其文，不取其理；察孝廉唯論章句，不及治道；立中正不考人才行業，空辨氏姓高下。」按：時在靈太后世，肅宗神龜二年。

魏書卷六五邢巒傳：「有司奏策秀、孝，詔曰：秀、孝殊問，經權異策。邢巒才清，可令策秀。」按：此為孝文帝詔書，在遷都後。

通典卷一四述北齊策試之告：「課試之法，中書策秀才，集書策貢士（隋書禮儀志四作「集書策考貢士」，蓋「策孝……」之譌），考功郎中策廉良。天子常服，乘輿出，坐於朝堂中楹，秀孝各以班草對。字有脱誤者，呼起立席後；書有濫劣者，飲墨水一升；文理孟浪者，奪席脫容刀。」

此由中書、集書、尚書分任其職，而北齊書文苑樊遜傳謂梁州舉秀才，天保三年正月，制詔策問「尚書擢第，以遜為當時天下第一」。

隋書李德林傳舉秀才，「(楊)遵彥銓衡，深慎選舉，秀才擢第，罕有甲科」。按：北史曰傳時楊為尚書令，考德林為上策。

由上文可注意兩點：

（1）南朝大族固有中正制為進身之階，但地方豪族，似仍以秀、孝為進身之階；但大族勢力大，故秀、孝發展機會少，故其制似不重要。北朝秀、孝為漢人出身之階，漢人漸得勢，故此制顯得比南朝重要。

（2）北齊書儒林馬敬德傳舉孝廉不就，而自詣州，力求詔州特舉秀才。「乃詣州，求舉秀才。舉秀才例取文士，州將以其純儒，無意推薦。敬德請試方略，乃策問之，所答五條，皆有文理。乃欣然舉送至京。依秀才策問，唯得中第，乃請試經業，問十條，並通」。可見已有自求舉送者，為隋唐制自進之先例。

第四編　隋唐五代

第一章　唐代前期中央政府組織概況

——以開元時代為代表

唐代前期官署稱呼除三師三公及宰相政事堂(中書門下)外,有省、臺、寺、監、衛、府六類。

一、三師　三公(虛尊之位)

(1)三師:太師、太傅、太保,各一人,正一品,無職掌。

(2)三公:太尉、司徒、司空,各一人,正一品,無職掌。

二、中書門下(政事堂)(行政核心)

宰相辦公廳,本名政事堂。開元中,張說改名,列五房於其後,分曹主衆務。宰相職無不

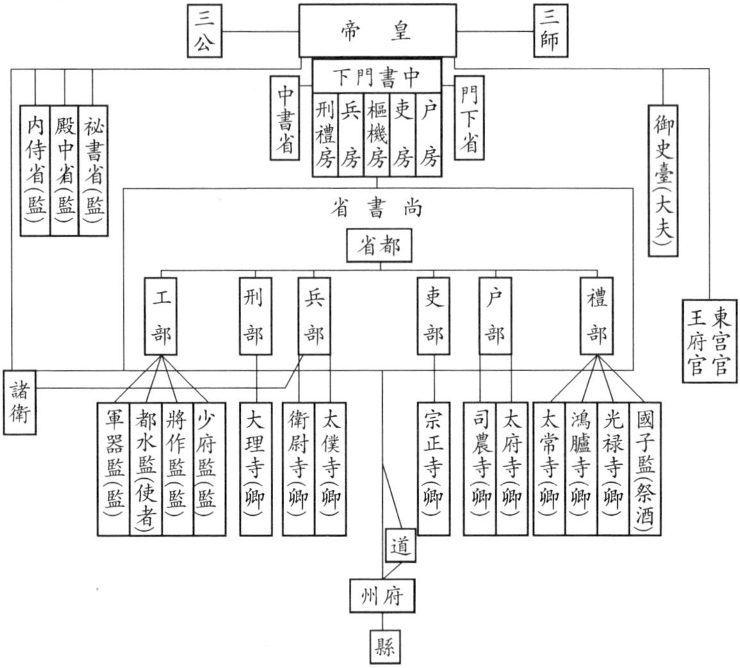

開元時代政府組織系統示意圖
（唐代前期之代表）

統，其變化亦最大，下章專論之。

三、行政三省

（1）中書省（右省）——宰相本機關。

中書令二人，正三品，掌佐天子執大政，並總判省事。

中書侍郎二人，正四品上，掌貳令之職，參議大政。

中書舍人（真正起草詔書、文才極佳者）六人，正五品上，分押尚書六部，佐宰相判案，起草詔書制敕。

右散騎常侍、右諫議大夫、右補闕、右拾遺等各若干人，職在諍諫。

附屬機關：集賢殿書院、史館、匭使院。

（2）門下省（左省）——宰相本機關。

侍中二人，正三品，與中書令參總大政，並總判省事，審署奏鈔，駁正違失。

門下侍郎（黄門侍郎）二人，正四品上，掌貳侍中之職。

給事中（真正審查詔書者，為中級官位權力）四人，正五品上。「詔敕不便者，塗竄而奏還，謂之塗歸」。故門下省對於詔敕之駁覆權，實由給事中行之。

左散騎常侍、左諫議大夫、左補闕、左拾遺等各若干人。

附屬機關：城門郎、符璽郎、弘文館校書郎等。

（3）尚書省——行政中樞。

A．都省。本為最主要的宰相機關，開元中已非宰相機關。

尚書令一人，正二品，為尚書省長官，但不授人。

左、右丞相（左、右僕射）各一人，從二品，總領六官，紀綱百揆，劾御史糾不當者。

左、右丞各一人，管轄省事，正官僚之文法，劾御史舉不當者。左丞總吏、户、禮三部，右丞總兵、刑、工三部。

左右司郎中、員外郎各一人。

B．吏部。

尚書一人，正三品；侍郎二人，正四品上。掌天下官吏選授、勳封、考課之政令。

其屬有四（四司）：一曰吏部，二曰司封，三曰司勳，四曰考功。尚書、侍郎總其職務而「奉行其制命」。

C．户部。

尚書一人，正三品；侍郎二人，正四品下。掌天下户口、土地、錢穀之政令。

其屬有四(四司)：一曰户部，二曰度支(度支國用)，三曰金部(庫藏出納)，四曰倉部。

D．禮部。

尚書一人，侍郎一人(或二人)，品同上。掌天下禮儀貢舉之政令。

其屬有四：一曰禮部，二曰祠部，三曰膳部，四曰主客。

E．兵部。唐中葉以後，兵權落入宦官手，兵部失權。

尚書一人，侍郎二人，品同上。掌天下軍衛武官選授之政令。

其屬有四：一曰兵部，二曰職方(管地圖、户籍版圖)，三曰駕部(交通)，四曰庫部(武庫)。

F．刑部。

尚書、侍郎各一人，品同上。掌天下刑法及徒隸、勾覆、關禁之政令。

其屬有四：一曰刑部，二曰都官(隸簿係囚)，三曰比部(勾稽俸料公廨)，四曰四門。

G．工部。

尚書、侍郎各一人，品同上。掌天下百工屯田山澤之政令。

其屬有四：一曰工部，二曰屯田，三曰虞部(山澤)，四曰水部。

四、侍從三省

（1）祕書省(皇帝圖書館)。

監一人，從三品；少監二人，從四品上。掌邦國經籍圖書之事。

領著作、太史二局。

（2）殿中省(掌皇帝生活事)。

監、少監，同上。掌乘輿諸事。

總尚食(皇帝之食)、尚藥、尚衣、尚乘、尚舍、尚輦六局。

（3）内侍省(宦官)。

内侍四人，從四品上；内常侍六人，正五品下，皆宦者為之。掌在内侍奉、出入宫掖、宣傳制令。

總掖庭、宫闈、内僕等五局，各置令。

五、一臺

御史臺。漢有御史臺、尚書臺，唐只有御史臺一臺。

御史大夫一人，從三品；中丞二人，正五品。掌邦國刑憲，肅正朝列。

屬官有三等御史：

侍御史——掌糾舉百僚，推鞫獄訟。

殿中侍御史——掌殿廷供奉之儀式，及京城内不法事。

監察御史——掌分察百僚，巡按州縣，糾視刑獄。

六、九寺（各置卿一人，少卿一二人）

（1）太常寺。

卿一人，正三品；少卿二人，正四品上。掌邦國禮樂郊廟社稷之事。以八署分理：一曰郊舍，二曰太廟，三曰諸陵，四曰太樂，五曰鼓吹，六曰太醫，七曰太卜，八曰廩犧。太常卿總其官屬，行其政令。署各置令。

（2）光禄寺。

卿一人，從三品；少卿二人，從四品上。掌邦國酒醴、膳羞之事。統四署。

（3）衛尉寺。

卿、少卿，同上。掌邦國器械（軍械）、文物之事。總武庫、守官等三署。

（4）宗正寺。

卿、少卿，同上。掌皇九族六親之屬籍，並領崇玄署。

（5）太僕寺。

卿、少卿，同上。掌廄牧、車輿。外領諸牧監。

（6）大理寺。

卿、少卿，同上。掌折獄、詳刑之事。

（7）鴻臚寺。

卿、少卿，同上。掌賓客及兇儀之事。領二署。

（8）司農寺。

卿、少卿，同上。掌倉儲委積。總上林（苑囿）、太倉（廩藏）、鉤盾（薪畜）、導官（擇米麥）四署及諸倉監、司竹監、温湯監、九成宫監。

（9）太府寺。

卿、少卿，同上。掌財貨。總京都四市、平準、左右藏、常平八署。

七、諸監

（1）國子監。

祭酒一人，從三品；司業二人，從四品下。掌儒學訓導。有六學：國子學、太學、四門學、律學、書學、算學。學各置博士。

（2）少府監。

監、少監與卿及少卿同。掌百工技巧（土木以外之工程）。總中尚、左尚、右尚、織染、掌冶五署。

（3）將作監。

大匠一人，從三品。掌土木工程。

（4）北都軍器監。

監一人，正四品上；少監一人。繕造甲弩。

（5）都水監。

使者二人，正五品上。掌川澤津梁。總舟楫、河渠二署。

八、諸衛

（1）左右衛。大將軍各一人，正三品；將軍各二人，從三品。
（2）左右驍衛。大將軍各一人，正三品；將軍各二人，從三品。
（3）左右武衛。大將軍各一人，正三品；將軍各二人，從三品。
（4）左右威衛。大將軍各一人，正三品；將軍各二人，從三品。
（5）左右領軍衛。大將軍各一人，正三品；將軍各二人，從三品。
（6）左右金吾衛。大將軍各一人，正三品；將軍各二人，從三品。
（7）左右監門衛。大將軍各一人，正三品；將軍各二人，從三品；中郎將各四人，正四品下。
（8）左右千牛衛。大將軍各一人，正三品；將軍各二人，從三品；中郎將各二人，正四品下。
（9）左右羽林軍衛。大將軍各一人，正三品；將軍各二人，從三品。

（參看舊唐書卷四四職官志三）

九、太子宫　親王府

（1）太子宫官(略如朝廷)。

（2）親王府(為軍府)。

第二章　輔政制度——宰相

一、隋及唐代前期宰相制度

（1）隋代宰相——三省長官。

前論南北朝，皆以三省長官為宰相之任。惟北周六官，是一項特別制度。隋文帝即位，恢復南北朝一般制度，仍以三省為宰相機關；惟其父名「忠」，故諱「中」字，改「中書」為「內史」，改「侍中」為「納言」，三省長官皆為宰相。

尚書省——尚書令、僕射（二品）。

門下省——納言（三品）。

內史省——內史監、內史令（三品）。

然尚書令甚少授人（惟煬帝以楊素特別勳勞，故授之），中書（內史）監尋亦廢罷，故常置之宰相惟僕射、納言、內史令而已，而僕射尤為宰相正官，可視為首相。

（2）唐代前期三省長官與三省分權。

A. 三省長官。

唐武德三年，改復納言為侍中，内史省、内史令為中書省、中書令，與尚書省之尚書令、僕射皆為宰相。惟太宗由尚書令即帝位，其後人臣不居尚書令之位，故僕射遂為尚書省最高長官（左右各一人）。侍中、中書令皆三品，僕射為二品，位尤尊，職尤重。

自高宗龍朔二年至肅宗至德二年九十餘年間，名稱屢有改易，但仍復舊號，且職權不因名稱改易而有所輕重。

尚書省：有文昌臺、中臺等名稱。僕射有左右匡政、左右丞相等名稱。

中書省：有右臺、鳳閣、紫微等名稱。中書令有右相、内史、紫微令等名稱。

門下省：有左臺、鸞臺、黄門等名稱。侍中有左相、納言、黄門監等名稱。

中宗以後，尚書僕射被摒於宰相之外，惟中書門下為宰相機關，中書令、侍中為宰相正官。

B. 三省分權。

通鑑卷一九二貞觀元年：「上謂黄門侍郎王珪曰，國家本置中書、門下，以相檢察，中書詔敕或有差失，則門下當行駁正。」胡注：「中書出命，門下審駁。按唐制，凡詔旨制敕、璽書册命，皆中書舍人起草進畫。既下，則署行，而過門下省，有不便者，塗竄而奏還，謂之塗歸。」

朱子全書卷六二歷代二宋：

「唐初，每事先經由中書省，中書做定將上，得旨，再下中書，中書付門下。或有未當，則門下繳駁，又上中書，中書又將上，得旨，再下中書，中書又下門下。若事可行，門下即下尚書省，尚書省但主書填奉行而已，故中書之權獨重。本朝（宋朝）亦最重中書。蓋以造命可否進退皆由之也。門下雖有繳駁，依舊經由中書，故中書權獨重。及神宗倣唐六典，三省皆依此制，而事多稽滯。故渡江以來，執政事皆歸一。獨諸司吏曹（二十四曹）依舊分額各屬，三省吏人自分所屬，而其上之綱領則不分也。（舊時三省事各自由，不相侵越，不相聞知。中書自理會中書事，尚書自理會尚書事，門下自理會門下事。）如有除授，則宰執同共議定，當筆宰執判過，由中書吏人做上去，再下中書，中書下門下，門下下尚書。書行，給舍繳駁，猶州郡行下事，須幕職官簽押，如有不是，得以論執。中書行下門下，皆用門下省官屬簽押。事有未當，則官屬得以執奏。」

C．政事堂。

新唐書百官志序：

「初，三省長官議事於門下省之政事堂。其後裴炎自侍中遷中書令，乃徙政事堂於中書省。開元中，張說為相，又改政事堂號中書門下，列五房於其後。一曰吏房，二曰樞機房，三曰兵房，四曰户房，五曰刑禮房，分曹以主衆務焉。」

按：北朝門下省掌機要，為最主要之宰相機關。隋承北朝，故政事堂在門下省。唐代揆務中心實在中書，故遷於中書省。張說蓋以其實為左右兩省首長之聯合會議處，故兼名之為「中書門下」也。而其後亦簡稱「中書」。

舊唐書百官志門下省條注：

「舊制，宰相常於門下省議事，謂之政事堂。永淳二年七月，中書令裴炎以中書執政事筆，遂移政事堂於中書省。開元十一年，中書令張說改政事堂為『中書門下』，其政事印改為『中書門下之印』也。」

（3）各種參政名號。

古人稱唐代宰相名號最為不正。此語誠然。自隋代以來，三省長官為宰相之任，然往往派遣其他官員參議朝政，為宰相。例如隋文帝末年，兵部尚書柳述以帝婿之寵「參掌機務」，為他官參政之最早見者。唐貞觀中，更授其他高級官員以種種名義，便得參決朝政為宰相。例如：

參預朝政——貞觀元年，杜淹檢校吏部尚書「參預朝政」。三年，魏徵為祕書監「參預朝政」。

參議朝政——四年，蕭瑀為御史大夫「參議朝政」。

尚有參掌機務、參知機務、參掌機密、知政事、參知政事、同掌機務、同中書門下三品、同中書門下平章事（簡稱同平章事）、朝章國典參議得失、同知軍國政事、平章軍國重事等名號。總之，隨事立名無一定制度，就中「同中書門下三品」與「同中書門下平章事」漸漸通用為經制。「同三品」蓋始於貞觀十七年。中書與門下兩省長官位正三品，他官加此名號，即與中書門下長官同樣有參決大政之權。同平章事始於高宗永淳元年，時武后當政，命四品之侍郎數人「與中書門下同承受進止平章事」。意在提高中級官員之職權，以分宰相大臣之議政權。從而演成委員會式的多相制。

高宗以後，各種名號漸漸廢棄，惟「同中書門下三品」、「同中書門下平章事」漸漸制度化。新唐書百官志云：

「自高宗以後，為宰相者必加同中書門下三品，雖品高者亦然；惟三公、三師、中書令則否。」

按：三師三公根本不是宰相，不知政事，若知政事，亦須加號。如神龍元年「安國相王為太尉、同鳳閣鸞臺平章事」是也。新志蓋誤。又據此文，雖僕射、侍中亦須加號。按：侍中為門下省長官，毋須加「同中書門下三品」之號，觀宰相表自明。新志此條亦誤。惟僕射須加同三品，最可注意。按：尚書左右僕射本為宰相正官，但貞觀二十三年李勣為「左僕射同中書門下三品」，蓋特重其任，使其綜理三省事。其後，例皆加同三品之號。至中宗神龍元年豆盧欽望拜左僕射，不言同三品，遂不敢參議政事；數日後詔加知軍國重事。至景雲二年韋安石拜左僕射，不帶同三品。自後僕射不帶同三品者，即非宰相。故至開元中，宰相正官為侍中、中書令，同中書門下三品、同中書門下平章事亦為宰相之任。其時尚書左右僕射更名「尚書左右丞相」，雖有丞相之名而實非宰相。

（此節參看孫國棟唐代三省制之發展研究，刊新亞學報三卷一期）

二、唐代後期宰相制度

（1）平章事之制度化。

A．名稱之統一。安史亂後，「同中書門下三品」亦極少見，而以「同中書門下平章事」為宰相正稱。其後更無同三品者。雖侍中、中書令亦非宰相，而「平章事」反為宰相正式名稱。

B．員額。前期無一定名額。武后時宰相正官及同三品、同平章事多至十餘、二十餘人，至謂宰相無坐處。後期員額由無定員固定為四員。至德二年，宰相分直主政事、執筆，每一人知十日。貞元十年，分每日一人執筆。（唐會要卷五一中書令）此恐亦隨時而異。

C．宰相底官（本官）。「同平章事」本身並非官名，只是職使，故無階品，必須另有底官標其品位。其底官或為僕射、尚書，或為侍郎（中書侍郎、門下侍郎、六部尚書侍郎）及其他中上級官皆可。以中書侍郎、門下侍郎平章事者為正位，而門下侍郎平章事尤為首相之位。以兩省侍郎同平章事者，又可加兼尚書、僕射及三公等官以崇其位。

D．宰相之性質。唐宰相近於皇帝之幕僚長，與漢丞相不同。因為是幕僚長，故不必如漢代丞相有其客觀之政治地位（封侯等），只要皇帝欣賞，雖中級官員亦可為宰相，故進士科第後有不到十年可位至宰相者。

（2）相權之重與相權被侵。

中國史上相權與君權之消長，恒成反比。唐代相權亦因時因皇帝而不同。然此僅指強弱而言，其權涉及政治各方面則無異，尤要者為用人權。李絳云：

「崔祐甫為宰相，不半歲，除吏八百人。德宗曰：『多公姻故，何耶？』祐甫曰：『所問

當與不當耳。非臣親舊，孰知其才？其不知者，安敢與官？』時亦為名言。」（新唐書李絳傳）

可知用人權之大。

唐會要云：

「自隋以降，職事五品以上官，中書門下訪擇奏聞，然後下制授之。」（卷七四論選事）其後宰相用人權下侵到六品七品，吏部選授之權愈來愈小。因為宰相任用權很大，所以在政治上為極有權勢之人。唐人朋黨傾軋，居相位者，往往以私人恩怨而貶斥異己，是亦宰相握有用人權之一證。范祖禹唐鑑卷一九：

「憲宗平河南，開魏博，由宰相得其人也。穆宗拱手，而得幽鎮，不唯不能有，而并魏博失之，由宰相非其才也。其得之以相，其失之也以相。相者，治亂之所繫，豈不重歟！」

大曆五年，「（元）載有丈人自宣州來，從載求官。載度其人不足任事，但贈河北一書而遣之。丈人不悅，行至幽州，私發書視之，書無一言，惟署名而已。丈人大怒，不得已，試謁院僚。判官聞有載書，大驚，立白節度使，遣大校以箱受書，館之上舍，留宴數日。辭去，贈絹千匹。其威權動人如此！」（通鑑卷二二四）

但若皇帝躬親庶政，則相權即輕。如德宗「躬親庶政，不復委成宰相，廟堂備員行文者而已」。（舊書韋渠牟傳）然國家大政事繁，皇帝一人究不能全盤處理，不得不責成親信之臣，此即翰林學士稱為內相之背景。

唐中葉以後，侵削宰相之權者有二。其一翰林學士，其二宦官。

A．翰林學士。宰相為皇帝宮外（政府）的祕書，而翰林學士為皇帝宮廷中的祕書（內相）。新唐書百官志：「學士之職，本以文學言語被顧問，出入侍從，因得參謀議，納諍諫，其禮尤寵。而翰林院者，待詔之所也。唐制，……文書詔令，則中書舍人掌之。自太宗時，名儒學士時時召以草制，然猶未有名號。乾封以後，始號北門學士。玄宗初置翰林待詔，以張說、陸堅、張九齡等為之，掌四方表疏批答應和文章。既而，又以中書務劇，文書多壅滯，乃選文學之士，號翰林供奉，與集賢院學士分掌制詔書敕。開元二十六年，又改翰林供奉為學士，別置學士院，專掌內命，凡拜免將相，號令征伐，皆用白麻。其後選用益重而禮遇益親，至號為內相，又以為天子私人。凡充其職者無定員，自諸曹尚書下至校書郎，皆得與選，……內宴則居宰相之下，一品之上。憲宗時又置學士承旨。唐之學士、弘文、集賢分隸中書門下省，而翰林學士獨無所屬。」而實直隸於皇帝。元稹翰林承旨學士廳壁記：「凡大詔令、大廢置，丞相之密畫（畫謂計劃），内外之密奏，上之所甚注意者，莫不專受專對，他人無得而參焉。」新五代史卷六三前蜀世家：「（王）建謂其左右曰，吾為神策軍將時，宿衛禁中，見天子夜召學士，出入無間，恩禮親厚如寮友，非將相可比也。」足見其職為之親信。

然其位究不尊，故居其任者多遷宰相。元稹翰林承旨學士記云：「憲宗章武皇帝以永貞元年即大位始命鄭公（鄭絪）為承旨學士，位在諸學士上。十七年間，由鄭至杜（杜元穎）十一人，而九參大政。」謂拜相也。白居易詩亦云：「同時六學士，五相（五人已為相）一（指自己）漁翁。」

B．宦官。玄宗已親重宦官，官居三品者甚多，特或使統兵征伐。安史亂後，德宗不用大臣，一面親任翰林學士，一面信用宦官。宦官中有兩職最重要，其一樞密使，侍左右；其二護軍中尉，掌禁軍。大和九年十一月甘露之變後，温公曰：「自是天下事皆決於北司，宰相行文書而已。」（通鑑卷二四五）

其一，樞密使。「代宗永泰中，置内樞密使，始以宦官為之。初不置司局，但有屋三楹，貯文書而已。其職掌惟承受表奏，於内中進呈；若人主有所處分，則宣付中書門下施行而已。」（通考卷五八）

至憲宗時，已干預政事。通鑑二三七元和元年：「堂後主書滑渙久在中書，與知樞密使劉光琦相結。宰相議事有與光琦異者，令渙達意，常得所欲，杜佑、鄭絪等皆低意善視之。」舊書裴垍傳：垍為宰相，與憲宗密謀去金吾大將軍盧從史。「垍因請密其謀。憲宗曰，此唯李絳、梁守謙知之。時絳承旨翰林，守謙掌密命」。

敬宗時，朝廷有「樞密之權過宰相」之語。

咸通以下，其勢益張，宰相（杜悰）至承認「宰相、樞密，共參國政」。（通鑑二五〇咸通二年條）後來昭宗詔敕且云：「近年宰相延英奏事，樞密使侍側，争論紛然。既出，又稱上旨未允，復有改易，撓權亂政。」（同書卷二六二天復元年條）

新唐書卷一七七高元裕傳：

「敬宗視朝不時，稍稍決事禁中，宦豎恣放，大臣不得進見。元裕諫曰：『今西頭勢乃重南衙，樞密之權過宰相。』帝頗寤，而不能有所檢制。」

五代樞密使始以士人為之。後梁改名「崇政院」，以敬翔為使，「承上旨宣於宰相而行之。宰相非進對時有所奏請及已受旨應復請者，皆具記事，因崇政院以聞，得旨復宣於宰相。」（通鑑卷二六六）而中書宰相日見疏遠。司馬温公曰：「梁太祖以來，軍國大政，天子多與崇政、樞密使議（後梁與崇政議，後唐與樞密議。後唐又改名樞密也），宰相受成命，行制敕，備典故，治文事而已。」（通鑑卷二八〇天福四年條）

其二，護軍中尉。新書宦者傳序：「德宗懲艾泚賊，故以左右神策、天威等軍委宦者主之，置護軍中尉，中護軍，分提禁兵，是以威柄下遷，政在宦人。」自後以宦官擅權者，左右護軍中尉為多，其勢又過樞密使。因為此職掌握禁衛軍，不但侵奪宰相權力，皇帝亦受其控制，廢立由之。

唐語林七補遺：

「宣宗崩，內官定策立懿宗，入中書商議，命宰相署狀。宰相將有不同者。夏侯孜曰：『三十年前，外大臣得與禁中事；三十年以來，外大臣固不得知，但是李氏子孫，內大臣定，外大臣即北面事之，安有是非之說？』」

按：三十年前，當指唐文宗太和五年貶宋申錫而言，或指九年甘露之變而言。

三、結論

（1）前期

A. 三省長官之相權。唐初，中書令定旨出令，侍中主詔令之審查與上行文書之審查。尚書長官本為宰相正官，無所不綜，既參決大政並承詔令推行政務。

B. 中書門下聯席會議。中書出令，門下審查，事常留滯，故三省長官開聯席會議，以省時間並調和意見。會議處稱為「政事堂」或「中書門下」。

C. 自太宗時（隋文帝時已有柳述一例）以他官參知機務，名目繁多，高宗時統一為「同中書門下三品」。末年又有「同中書門下平章事」。於是宰相名稱除「侍中」、「中書令」以外，名號統一為「同三品」、「同平章事」兩種。雖尚書僕射亦須加同三品始為宰相，但例加之。三公議政亦加「同三品」。

D. 中宗以後，僕射常不加同三品，遂被摒除，不在宰相之列，於是宰相之職惟中書令、侍中、同三品、同平章事。

（2）後期

A. 名稱。惟「同平章事」為正宰相，雖侍中、中書令亦非宰相正官，同三品更不復見。如郭子儀為中書令，名為行宰相權，但實爲名義之虛銜。

B. 員額有定。前期無定額，後期固定為四員，就中往往一人為首相。

C. 宰相底官。平章事只是職不是官，故宰相皆必另有底官，底官或為三公、僕射、尚書、侍郎，或其他中上級官亦可，而以中書侍郎、門下侍郎平章事者位最尊，門下侍郎平章事尤有首相之稱。

D．性質。唐代首相已近於皇帝之幕僚長，與漢代丞相不同。漢丞相多年歲較大，地位亦極尊崇；唐宰相年紀可小，但地位則不及漢相之崇。

E．宰相之權甚重，影響國政者甚大，惟後期相權已漸被侵奪。影響相權之機構有翰林學士院與宦官之護軍中尉（監察軍隊）與樞密使。

第三章　中央政務分職機關

一、前期（隋及唐安史之亂以前）

漢代中央政務分職機關只有諸寺卿。唐代既有九卿諸監，又有尚書六部亦是政務分職機關，且六部與九卿諸監之職權粗看起來，似多混亂重複。例如户部掌財政經濟，司農寺卿與太府寺卿亦管財政經濟；又如刑部掌刑罰，大理寺卿（即漢之廷尉）亦管刑罰。所以前多認為六部與九卿諸監之職權重複，或者九卿諸監為閒司。其實不然，寺監非閒司，而與六部職權性質不同，六部與九卿諸監間有「下行」、「上承」之關係，兹説明如下：

尚書六部，官僅一百五十餘員，吏僅一千餘人，故組織較簡單。九寺諸監官吏一萬餘人，組織極龐大。姑無論如此龐大組織之寺監不可能皆處閒散，而天下事殷，亦絕非組織簡單之六部所能盡理，可證寺監絕非閒散無所事事之機關。然卿監官員從三品（少數正三品）與正三品之六部尚書官位略相當，但在政治社會上之地位，不但不如尚書，亦且不如尚書屬官之五品郎中，何耶？

仔細研究此一問題，始可發現，六部為上級機關，政務機關；九寺諸監為下級機關，事務機關。其間有「下行」、「上承」之關係。證據如下：

第一，六部奉行制命，以掌政令；寺監奉行政令，以掌職事。

制命	→	政令	→	諸事
（皇帝宰相所下）		（六部掌之）		（九卿行之）

六典、舊志述六部之職多云「某某尚書侍郎之職，掌天下某某之政令，其屬有四（四司）……尚書、侍郎總其職務而奉行其制命。凡中外百司由於所屬皆質正焉」。其述諸寺監之職多云「掌某某之事」。如太常寺之職，更云：「太常卿之職，掌邦國禮樂郊廟社稷之事，以八署分而理焉……（八署名稱）……（卿）總其官屬，行其政令。」

第二，尚書省下符於寺監。

唐會要卷二六：「上所及下，其制有六：天子曰制，曰敕，曰册；皇太子曰令；親王公主曰教；尚書省下州，州下縣，縣下鄉，皆曰符也。」

日本公式令符式條集解：「唐令符式云，尚書省下諸寺。」

敦煌開元公式令殘卷之符式：

「尚書省為某事

某某寺主者云云。案主姓名，符到奉行……

在尚書省下符式……上官向下皆曰符……」

第三，唐人議論。

陸贄（宰相）論裴延齡姦黨書云：（裴延齡只懂為皇帝搜奪民財）

「總制邦用，度支是司；出納貨財，太府攸職。凡是太府出納，皆稟度支文符，太府依符以奉行，度支凴（憑）案以勘覆，互相關鍵，用絶姦欺。」（全唐文卷四六八）

權德輿（宰相）論度支疏云：

「判度支裴延齡……往者貳大農之卿（實太府少卿）長，司太倉出納，號為稱職，蓋有恒規。陛下……切於賞善，權委邦賦（謂為判度支）。……度支所務，天下至重，量入為出，從古所難。……調其盈虛，制其損益。……苟非全才通識，則有所壅。」「權其輕重（此云度支），固與守之之才（此云太農）不同。」（全唐文卷四八六）

以上雖屬後期史料，但所言度支司屬前期事。

二、後期

（1）尚書與寺監之失權（及職）。

于邵為趙侍郎陳情表（趙為工部侍郎）：

「屬師旅（安史亂後）之後，庶政從權，會府（尚書省，政事所會之地）舊章，多所曠廢。……一飯而歸，竟日無事。」（全唐文卷四二五）

陸長源上宰相書：

「尚書六司（部），天下之理本（政本）：兵部無戎帳（兵籍），户部無版圖（包括户籍），虞、水不管山川，金、倉不司錢穀，光禄不供酒，衛尉不供幕，祕書不校勘，著作不修撰。官曹虛設，禄俸枉請。計考（考績，如三考即做官三年）者假而為資，養聲者籍而為地。」（全唐文卷五一〇）

常袞授呂崇賁太府卿制：

「自頃艱阻，有司曠廢，府寺寂寥，卿少虛設。」（全唐文卷四一二）

會要卷五七：

「自至德以來，諸司或以事簡，或以餐錢不充，有間日視事者。尚書省皆以間日。」

長安志卷七唐皇城條：

「尚書省……當中有都堂，本尚書令廳事。……都堂呼為冰廳，言其清且冷也。」

（2）行政職權大部份為諸使司所攘奪。

前期國家政事僅分六類，尚書六部各掌一類之政令，是為政務機關，而符下相關之寺監等事務機關去執行。即行政分為上下兩橛。後期負責國家行政之重要機關為使司。使司之特點，是政務分類較細，但每一行政機構，即每一使司兼攬「政務」與「事務」兩層職權。使司長官不但掌政令之制定與頒發，而且設置直屬之業務機關，可以直接指揮監督，促使政策（政令）的實施能徹底。

簡言之即六部為政務機關（政務官），九卿乃事務機關（事務官）。前期為上下分屬負責，後期為縱向控制（直接管到下屬），效率較前期大。

使司之重要者莫過於財政三司。前期國家財政經濟之政令由户部一機關掌管，户部制定政令，頒之於司農、太府等財務機關去執行。但後期財政經濟則分由三個使司管理：

判度支(使)——即判原户部四司(户部司、度支、金部及倉部)中之度支司事。(指主要政務而言,下同)

判户部(使)——即判原户部四司中之户部司事。

鹽鐵轉運使——即判原户部四司中之金部、倉部司事。

此三司使各掌有政令(政務)與事務執行兩重權力,各司組織皆很龐大,度支鹽鐵兩使且於各州設巡院(各地方分院)。諸使自己制定政策即下自己直隸之事務機關去執行。可見後期政務分得較詳細。

此時任用尚無規格,皇帝、宰相可隨時加任一個司。其他方面之政事亦置很多使,有時名稱不是「使」,而實際亦是使職,如「知貢舉」、「護軍中尉」(後期將兵部權力奪去,造成兵部連全國兵籍都不知)等。使職無一定員額,即分職機關不一定,活動性較大。文宗大和二年敕云:「設官有定額,不可增加;列職無常數,難兼命秩。」(册府元龜卷六三一)便見官與使置員之不同。

(3)六部職權所以為諸使司攘奪之故,詳論唐代尚書省之職權與地位。

三、總結——前期、後期制度比較

（1）前、後期組織原則比較。

就官制表面而言，三省六部、九寺、諸監，無大差異；而實有大別，且組織原則根本不同：

前期原則：重在上下分層負責。「政務機關」與「事務機關」分開為兩層或三層。

後期原則：重在縱的聯繫與縱的控制，政務分類較細，但每一行政機關兼有「政務」與「事務」兩層職權。

（2）前期——如以開元時為代表，則行政分為三層：

上層：宰相機關（政事堂、中書門下）。協助皇帝決定大政方針，頒發制命於尚書省。

中層：尚書省。上承皇帝與宰相之制命，制為政令，符下於九寺諸監諸衛以及地方政府去執行，而自處於監督的地位。惟貢舉、銓選由尚書省自辦。可見古代對人事特別重視。

下層：九寺、諸監、諸衛與地方政府，承受尚書省頒下之政令，負實際執行之責。

此上中下三層之中上兩層為政務機關，而下層為事務機關。其在隋及唐初（中宗以前）尚書令僕為宰相正官，故上中兩層尚未分開，則「政務機關」與「事務機關」上下兩層更為明顯。

（3）後期——尚書六部與九寺、諸監多已失權（尚有少部份權力），代之而起執行政務者為諸使司。使之特點，政務分類較細，但每一行政機構（使）兼攬「政務」與「事務」兩層職權，使司長官不但掌政令之制定與頒發，而且設置直屬業務機關，可以直接指導監督，促令政策之實施能迅速且徹底。例如財政經濟方面，前期歸户部一機關，制定政令，頒發之於司農寺、太府寺等財務機關去執行。後期户部及司農太府寺多已失權，國家財政經濟之政務，分由三個使司掌管，即「判度支」、「判户部」、「鹽鐵轉運使」三司，三司長官擬定政策，即下自己所直接領屬之事務機關去執行。

（4）前、後期組織利弊之比較。

前期組織精密，不易生弊端。然寺監非尚書六部之直屬機關，長官品位又相若，故政令推行既緩滯且難貫徹。及僕射被摒於宰相之外，尚書六部更不能指揮裕如。後期行政組織，政令之推行能迅速能徹底，軍事時期尤為便利，但其弊另生欺妄，甚至專擅。所以前、後期組織各有利弊。

四、漢唐兩代中央政務分職機關之比較

（1）漢代諸卿上承君相之命，擬定政策，即由本寺（卿）直屬機關之諸署執行之，故諸寺卿兼有政務、事務兩層職權，是以諸寺組織龐大，卿之地位亦極為權要。

（2）唐代前期政務分行機關分為上下兩層，尚書六部為政務機關，組織簡單，而長官地位崇高，如漢之九卿。九寺、諸監為事務機關，上承六部之政令而執行之，故組織龐雜，但其長官（卿監）之地位，不逮漢世甚遠。

（3）唐代後期之組織原則與漢代相同，但其長官（使）不是品官，只是使職，此不同者一。又漢代諸卿分職較為固定；唐代使職之分職地位，名稱變動甚大，很難說政府行政究分多少部門，此不同者二。

（4）漢代諸寺卿所職大部份不脱封建家臣性質；唐代前後期之政務分行機關，大體皆為國家政事機關，皇室事務較少。可以說漢代是宮府一體，唐代則宮府分體，此為唐代制度一大進步現象。

第四章　地方行政制度

唐代前期，主要者為州、縣（漢為郡、縣）二級制，州之特別重要者稱為府（只幾個）。州上有道，非行政機構，如侯景為河南道行臺，當時只管軍事。唐初州之上承南北朝及隋制有都督府（通常約四十上下），然其對州之統制權力不强。後期為方鎮、州府、縣三級制，方鎮亦稱為道，統州府，如南北朝之都督府。

一、前期之道與後期之方鎮

（1）前期之道。

唐初貞觀十道，本為地理名詞，非行政區劃，亦非監察區劃。故此時尚為州、縣二級制。高宗、武后以後，漸成為監察區，仍非行政區劃。至玄宗時代成為正式且經常置採訪使之監察區，有十五道，多至十六七道。

（2）後期之方鎮。

安史亂後，舊有之道大部份又只是地理名稱；其與政治有關係者惟方鎮而已，亦稱為道，通常有三十餘至四十個方鎮。各統州府三、四個，多至十餘個。方鎮（道）統州府，州府統縣，是為三級制。

（3）方鎮使府之組織。

A．長官。方鎮之道通常承前期置觀察使，統軍者加節度使（持節，地區全權歸其所管），或防禦使（地位稍差）、經略使等名目，因地區而異，權位亦有等差。

B．佐官。有文武兩系統：

甲，文職幕僚組織：觀察使各置判官（府中最要者，可臨時代行節度使權）、支使、推官、巡官、衙推等員。加節度使者，別置行軍司馬、副使、判官、掌書記、推官、巡官、衙推、法直官、要籍、逐要等各一員，館驛巡官四人。加防禦使、經略使者，置佐較簡。

乙，武職軍將組織，有三個系統：

兵馬使系統：都知兵馬使、左右廂兵馬使、兵馬使等，職主治兵作戰，實掌兵權。叛變者多由此等人發起。

押衙系統：都押衙、左右廂都押衙、押衙，職在親從侍衛。

虞候系統：都虞候、左右廂都虞候（如今之憲兵）、虞候，職在整軍紀，刺姦滑。

此三者可謂一司外，一治內，一督察，三分其職，共治軍務。其長官皆以都為稱，可稱三

都，為使府重職。晚唐又置教練使、都教練使，與三都可謂軍將四要職。（參看唐代方鎮使府僚佐考，唐史研究叢稿）

（4）方鎮使府之權力及其對於政治上之影響。

方鎮之離叛者，其使府有獨立性，自不待言。其非離叛者，亦享有極大權力。就用人權而言，使府僚佐名義上由中央任命而實際上皆出使府推薦。就軍事而言，各擁有一支頗强大之軍隊，通常數千人至兩三萬人，多至十餘萬人。就財政而言，地方租税收入，平分為三分，一分留州，一分留使，一分送中央。然其往往少報户口以瞞税（如宣州五十萬户，只報五萬户），桀驁者更扣留送中央之一分，而州固在使府絶對控制之下。王栐燕翼貽謀録云：

「唐末方鎮，諸州聽命帥府，如臣之事君，雖或因朝命除授，而事無巨細，皆取決於帥，與朝廷幾於相忘。」

此為無疑之事實。然唐末殘局亦賴方鎮勢力而維持一段時期，張唐英唐藩鎮論云：

「唐之治，由藩鎮之末專地也；唐之弱，由藩鎮之强盛也；唐之亡，由藩鎮之削滅也。」（宋代蜀文輯存卷一三引名賢確論九〇）

此亦有相當理據。

參看：新唐書卷六四方鎮表序及卷二一〇藩鎮列傳序。王壽南唐代藩鎮與中央關係之研究。

二、州府

唐初太宗貞觀十四年平高昌置西州、庭州，並內地計之，若凡三百六十正州。其後，大抵皆為三百數十州。就中地位特別重要者稱為府，由中央政府所直統，如：京兆府（西京）、河南府（東都）、太原府（北都）、河中府、鳳翔府、成都府、江陵府。府置尹（三品）為之長，少尹為之貳。州置刺史（三、四品），為隋以前之制。其佐官有別駕、長史、司馬，是為上佐，但閒散無職事。實際執行政事者有録事參軍，唐録事有如漢之主簿，亦如中央之宰相；下統司功（如吏部）、司食、司户、司兵、司法、司士（如工部）六曹，亦各置參軍，如中央之六部。又有市令、經學、醫學博士、助教等職。承魏晉南北朝之制，皆由中央除授，而由州府長官薦任之。（看唐代州府僚佐考，唐史研究叢稿）

- 刺史
  - 別駕 — 司馬
  - 長史
  - 録事參軍
    - 司功
    - 醫學博士
    - 司食令
    - 經學
    - 助教

三、縣（從名稱與大小言，變動極小，尤以河南、河北為甚）

州府統縣，全國分縣約在一千五百上下，皆置令為之長。置丞以貳之，多實權而實無職事。置主簿，略如祕書兼監察之任。置尉統理庶務，分判衆曹。下有録事、司户佐、司法佐、典獄、市令博士等。

第五章　科舉與銓選

唐代選拔人才，採公開選拔方式，而分「科舉」與「銓選」兩步驟進行。

上、科舉

新唐書選舉制：

「唐制取士之科多因隋舊。然其大要有三：（此就應舉者之來路而言）由學館者曰生徒，由州縣者曰鄉貢，皆升於有司而進退之。其科之目，有秀才，有明經，有俊士，有進士，有明法，有明字，有明算，有一史，有三史，有開元禮，有道舉，有童子。而明經之別有五經，有三經，有二經，有學究一經，有三禮，有三傳，有史科（此三字似當刪）。此歲舉之常選也。其天子自詔者曰制舉，所以待非常之才焉。」

是取士之途皆經考試，而此種分科舉人考試，可分別為歲舉與不定期舉兩種。制舉不定期舉行，而定期之歲舉就其應考者之來源而言則有「學館」與「鄉貢」兩途，故並制舉為三途。

（一）歲舉

（1）應考者之途徑。

A．學館

甲，中央地方皆有學校。中央國子監有六學：國子學（三品以上子孫等），太學（五品以上子孫等），四門學（七品以上之子與庶人之俊異者），律學，書學，算學（八品以下之子及庶人之通其學者），崇玄學（開元二十九年置）。

乙，館有二：門下省有宏文館，東宮有崇文館，皆貴族子弟。學館生徒，每年仲冬，監（國子監）館及州縣舉其成者送尚書省參加考試。初重學館出身，其後貴族子弟亦入學館。

B．鄉貢

全國人民皆得懷牒自列於州縣，正常手續先向縣政府報名，由縣申州府，由州府申尚書禮部。州縣考試只是形式。

（2）考試機關與時間。

A．機關

開元二十四年前在吏部，以考功員外郎（從六品）主試。次年發生考生侮辱主考官事（因地位低），改由禮部侍郎主試（及至清朝亦然）。

B．時間

冬十月開始舉辦，明年二月或三月放榜（叫春闈）。

（3）應舉科目

科目略見於前引新唐志。秀才極被重視，被舉者若不中，則罰舉者，故無敢舉者，永徽二年停辦。其餘諸科目亦非自唐初已然，就中最重要之進士科則隋大業中所置。唐志所記諸科外，有武舉，童子科，皆武后所置；醫舉，道舉，皆玄宗開元後期所置。以明經、進士二科為最重要。

（4）試法。

先後亦有變動。明經最經常之方式：第一場帖經（填充），第二場口試（問經大意），第三場策論（考經策，後改試事務策）。進士最經常之方式，第一場帖經（較明經為少），第二場（最重要）詩、賦各一篇（調三年後），第三場事務策三條。

（5）録取人數。

每年應考人數一千人至數千人不等，李德裕以為太濫，故定各地方送考人數總共五百餘人，然此種規定不能久行。録取人數則甚少，通典卷十五選舉三：「其進士大抵千人，得第者百一二。明經倍之（謂二千人）得第者十一二。」今觀登科記，每年録取大抵三十人上下，無定額。唐初進士録取多不過十餘人；高宗咸亨元年（武后已當權）録取五十四人，始多；開元元年七十一人為最多。中葉以後通常二十餘人或三十餘人。第一名曰狀元。

（6）進士科之特重。

本以秀才科特重，自廢秀才而明經、進士為重。中葉以後，進士特重，明經遠不及，俗稱「三十老明經，五十少進士」（見考進士之難）。薛元超曰：「吾不才，富貴過人，平生有三恨，始不以進士擢第。」文宗自稱鄉貢進士李某（見進士為人所推重）。

新唐書卷一八二李珏傳：

「弱冠舉明經，李絳為華州刺史，見之曰，日角珠廷，非庸人相，明經碌碌，非子所宜。乃更舉進士高第。」

新唐書卷一八三崔彥昭傳：

「與王凝外昆弟也。凝大中初先顯，而彥昭未仕，嘗見凝，凝倨不冠帶，嫚言曰，不若從明經舉。彥昭為憾。」（見進士重於明經）

（7）貧士參政機會。

唐詩紀事卷四八李德裕條：

「元和十一年，歲在丙申，李逢吉（主考官）下三十三人，皆取寒素。時有語曰：元和天子丙申年，三十三人皆得仙。袍似爛銀文似錦，相將白日上青天。德裕頗為寒素開路，及謫官南去，或有詩曰：八百孤寒齊下淚，一時回首望崖州。」

唐詩紀事卷五九汪遵條：

「遵幼為吏，許棠應二十餘舉，遵猶在胥吏，善為絶句詩而深晦密。一日辭役就貢，會棠送客至灞（長安著名送別之橋）、滻（漨）間，遇遵於途，訊曰何事至京？遵曰就貢，棠怒曰：小吏無禮！（見吏地位極低）後遵成名五年，棠始登第。」

全唐詩十二函八册諧謔曰，太和十一年放榜，進士多貧士，無名氏詩云：「乞兒還有大通年，三十三人椀杖全。」

考試無民族之限制（有非漢人參加考試），如黄頗，宜春（今湖南）人，為一蠻子。外國人亦得參加考試，謂之賓貢，如新羅（今韓國）崔致遠。

（8）及第後之得意相（見出考試之難）

章孝標及第後寄廣陵故人：「及第全勝十政官，金鞍鍍了出長安。馬頭漸入揚州郭，為報時人洗眼看。」

盧肇：「向道是龍君不信，果然奪得錦標歸。」（以競渡奪標喻，見及第之喜）

唐摭言卷三散序：

「進士宴游之盛……漸加侈靡。……長安游手之民自相鳩集，目之為進士團……人數頗衆。其有何士參者謂之酋帥，尤善主張筵席。凡今年纔過關宴，士參已備來年游宴之費，由是四海之内水陸之珍，靡不畢備。……逼曲江大會，則先牒教坊請奏，上御紫雲樓，垂簾觀焉。……敕下後，人置被袋，例以圖障、酒器、錢絹實其中，逢花即飲。故張籍詩云：無人不借花園宿，到處皆攜酒器行。……曲江之宴，行市羅列，長安幾於半空。公卿率以其日揀選東牀，車馬闐塞，莫可殫述。」

（9）進士科出身。

進士乙第（州無甲第者）的從九品下之資格，經銓選後多得縣尉。中葉以後，又多為地方使府之職。

（10）幾個有關制度之故實。

A．過堂——座主（知貢舉，禮部侍郎）領新及第門生見宰相（見控制考試者為宰相）。

B．公薦——看唐摭言卷六公薦條。

崔郾為禮部侍郎，於東都試舉人，公卿祖餞於長樂（長樂坡），吳武陵薦杜牧。

韓愈、皇甫湜為牛僧孺吹噓。（韓愈最熱誠推薦後進，這令他出名之一因。）

C．通榜——找人代評考。看唐摭言卷八。

權德輿主文，陸傪通榜，韓愈薦十人，凡三榜中六人，餘四人於五年内登科。

鄭顥主文，託崔雍為榜。放榜前夕，雍遣小僮傳云，來早陳賀，但無榜文。夜艾，僮進蠟丸（字條以臘封之，捲成丸狀），即榜也，皆從之。

D．自放狀頭

杜黄門（杜黄裳）主文，尹樞年七十餘，自放狀頭。

（11）賓貢。

外國留學生另榜。以崔致遠（著有桂苑筆耕集）為例。

（12）進士科之影響。

A．政治的：有助統一政府之鞏固與中央集權之加强。（不限漢人與非漢人，皆可舉。）

（漢）州郡察舉——權在地方官。

（魏晉）中正選舉——權在地方豪族。

（隋唐）中央科舉——權在中央。

B．社會的：社會階級之消融。（看孫國棟唐宋之際社會門第之消融，新亞學報四卷一期）

C．文學的：文風盛，詩學發達。

唐代後期朝廷大臣絶大多數為進士出身，當時牛李黨爭雖有以門閥科舉而分之論，但科舉勢力大，縱門閥之家亦多由科舉出身。

中國歷史上並無三世以上為將相者，故造成中國社會只有階層，而無階級。

（13）漢代察舉制與唐代科舉制之比較：

	漢察舉制	唐科舉制
内容	地方長官選拔，送到中央，後漢中葉有考試形式。 以地方均衡為原則。 重德行（孝），重事功（廉）。	個人自由向地方政府報名，送中央考試録取。 全憑個人才學自由競爭。 重才學，尤重詩文。
影響	人才分佈四方，地方政治優良。 官與吏之仕途不分，行政經驗豐富。（中央要人才必選吏，故隨時可為官）吏（地方）→郎官（中央）→官（地方） 士風尚樸，務實。 經學（儒生），法律學（文吏）盛。 經學（自有家法）法學能世家，終形成門閥社會。	人才羣趨中央，增加對中央之向心力。 加重官（由考試可録，不必經吏一途）與吏分為兩途之趨勢，官吏缺乏行政經驗，形成吏員政治（胥吏政治、科員政治）。 士風尚華，務名，輕浮。 文學詩文盛。 文學靠天才性靈，不能世家，故家族地位之升降度極大，使社會富靈動性，不致形成固定階級。

附：沈既濟論貢舉與人才

通典卷一五：

「沈既濟曰：『(武)太后頗涉文史，好雕蟲之藝，永隆中，始以文章選士。及永淳之後，太后君臨天下二十餘年，當時公卿百辟無不以之章達。因循日久，寖以成風。至於開元、天寶之中，上承高祖、太宗之遺烈，下繼四聖治平之化，賢人在朝，良將在邊，家給口足，人無苦窳，四夷來同，海内晏然。雖有宏猷上略無所措，奇謀雄武無所奮。百餘年間，生育長養，不知金鼓之聲，烽燧之光，以至於老。故太平君子唯門調户選，徵文射策，以取禄位，此行己立身之美者也。父教其子，兄教其弟，無所易業，大者登臺閣，小者任郡縣，資身奉家，各得其足，五尺童子，恥不言文墨焉。是以進士為士林華選，四方觀聽，希其風采。每歲得第之人，不浹辰而周聞天下，故忠賢雋彥，韞才毓行者，咸出於是，而桀姦無良者或有焉。故是非相陵，毁稱相騰，或扇結鉤黨，私為盟歃，以取科第，而聲名動天下；或鉤摭隱匿，嘲為篇詠，以列於道路，迭相談訾，無所不至焉。』」

(二) 制舉

此爲不定期之科舉制，漢有詔舉，魏、南北朝亦有之。隋煬帝大業三年詔十科舉人。詔云：

「夫孝悌有聞，人倫之本；德行敦厚，立身之基。或節義可稱，或操履清潔，所以激貪厲俗，有益風化。强毅正直，執憲不撓，學業優敏，文才美秀，並爲廊廟之用，實乃瑚璉之資。才堪將略則拔之以禦侮，膂力驍壯則任之以爪牙。爰及一藝可取，亦宜採録；衆善畢舉，與時無棄，以此求治，庶幾非遠。文武有職事者，五品以上宜依令十科舉人。有一於此，不必求備。朕當待以不次，隨才升擢。其見任九品已上官者，不在舉送之限。」

按：此詔開唐代制舉之規模，大抵不外德行、政事、學業、將略武勇諸端。唐代制舉科目無定，隋君主臨時所欲下詔舉人。通典卷一五選舉三云：

「其制詔舉人不有常科，皆標其目而搜揚之。試之日或在殿庭，天子親臨觀之。試已，糊其名於中考之。文策高者特授以美官，其次與出身（給一資格）。開元以後，四海宴清，士無賢不肖恥不以文章達，其應詔而舉者多則二千人，少猶不減千人，所收百纔有一。」

唐中葉後制舉漸衰。

關於科目，雲麓漫鈔卷六記唐代制舉科名凡一百零八，大抵皆臨時制詞行文之異，實際類別並無如此之多。曾資生據會要及紀傳，列為八十科，亦有一定之科目。大抵仍不外「德行」、「政事」、「文學」、「軍謀」之類。

制舉所以異於歲舉者有下列數端：

A. 歲舉每年一次，制舉不定期，或數年不舉，或一年數舉。

B. 歲舉報名者以平民為限，制舉可舉有官位者。

C. 歲舉由禮部主持，制舉不由禮部，而由皇帝臨時派人主持或皇帝親問。

D. 歲舉登第後須經吏部銓選始得除官，制舉登第即可任官。

下、銓選

「選舉」一詞在唐代實指「貢舉」與「銓選」兩事，此為絶不相同之兩事，不可混為一談。貢舉由禮部主辦，以考試方式選拔無官位人，録取者，予出身（任官資格）；銓選由吏部主辦，以試選已有官位人（官位滿期再欲為官者）或已有出身者（科舉得出身者），録取後即可除官。

銓選有文武，文選吏部主之，武選兵部主之。武選報考者較少，主要者乃文選。吏部文選，主要者為常選。另有「科目選」與「宏詞拔萃」，影響較小。今只述常選。

（1）主辦時間：五月頒格於州縣，十月（各地方於十月上計，故隨之。秦時十月為歲首），選人會於吏部，次年三月尾畢事。

（2）參選資格：任官滿限者（唐代四年一任，後為三年）及科舉録取者，皆得報名。但事實上多在滿限後若干年或中舉後若干年。

（3）擇人標準：有四，一曰身，體貌豐偉；二曰言，言辭辯正；三曰書（書法），楷法遒美。四曰判（寫文章，判案子），文理優長。四事皆可取，則先德行。德均以才（德一樣時以才能分之），才均以勞。

（4）銓選程序：

A．選人應格者，至本屬官廳或曾任官廳報名，取選解內舊罷免善惡之狀。

B．選院——十月選人會於吏部，部置選院（即南曹，由員外郎主之）檢核履歷文書，合格者送三銓。

C．三銓注擬（因人多，故分三部門，曾多至十銓）。尚書及二侍郎為三銓。唐制尚書掌六品、七品選，侍郎掌八品、九品選，其後三銓通掌之。

注擬之前，先試書判，已試而銓（面試），察其身言；已銓而注（派做何職官），詢其便利而擬之；已注而唱，不願就任者，得反通其辭要求另擬，三唱而仍不願者，聽下次再參選。

D．吏部為總名冊上僕射；再送門下省過官，給事中讀之，侍郎省之，侍中審之；再上皇帝敕授（資料大臣備妥，皇帝詔授），給告身（任用狀）。

（5）三品以上，册拜（皇帝親授）；五品四品，制授；只由吏部檢具資歷，送君相授任，不經三銓注擬。

第五編　宋代

宋代制度幾項特應注意之重要現象：

（1）各機關雖有正官，但多不治本機關事，而以他官主判，故時人不以官為榮，而以職使與差遣為重。此為唐代以來演變之趨勢，至宋更甚。故多有官為南方州刺史，而其實際工作則在北方或在宮廷中任職。

（2）集權政策。以下層機構分權之方式，達成上層機構集權之目的——分割地方最高行政單位（路）之職權（分司分權，如路分四司：漕、倉、帥、憲。使地方權力分割了），又以中書、樞密院等機構分權（相權三分），達成皇帝集權。

（3）政治上皇帝雖集大權於一身，但皇帝與大小臣僚接近，有群臣輪對之制（輪流與皇帝討論政事），群臣得盡所欲言，而祖訓不殺諫言，不殺大臣，亦促使士氣高漲，對皇權產生制衡作用。

第一章　宰執制度

一、宰相名稱之演變

兩宋時代宰相名稱凡五變，前後可稱為六期。

(1)神宗元豐以前：(相)平章事、(副)參知政事。

徐度卻掃編云：

「國朝中書宰相、參知政事，多不過五員，兩相則三參，三相則兩參。」

(2)元豐新制：(相)左右僕射兼門下、中書侍郎，(副)中書侍郎、門下侍郎、左丞、右丞(左右丞，尚書省副長官)。

(3)徽宗政和中：(相)太宰、少宰，(副)中書侍郎、門下侍郎及左右丞。

(4)欽宗靖康中：(相)左僕射、右僕射，(副)中書侍郎、門下侍郎及左右丞。

(5)高宗建炎中至孝宗乾道：(相)左僕射平章事、右僕射平章事，(副)參知政事。

(6)孝宗乾道末至宋亡：(相)左丞相、右丞相，(副)參知政事。

大體言之，平章事時間最長（一百二十餘年），左右丞相次之（一百零數年）。

二、相權之削弱

（1）一切稟承皇帝意旨行事。

王曾筆録：

「舊制：宰相上殿，命坐。有軍國大事，則議之，常從容賜茶而罷。自餘號令除拜，刑賞廢置，事無巨細，熟狀（定稿）擬定，進入。上於禁中親覽，批紙尾，用御寶，可其奏，謂之印畫，降出（發出）奉行而已。由唐室歷五代，不改其制。國初，范質、王溥、魏仁浦在相位，自以前朝相，且憚太祖英睿，請具劄子，面取進止。朝退，各疏其所得聖旨，同署字以志之。盡稟承之方，免差誤之失，帝從之。自是御奏寖多。……於今遂爲定式。」

按：王曾於仁宗朝爲相，所言當可信。是宋代相權大弱，不如唐代遠甚，而中央大權集於皇帝一身。唐代皇帝對宰相很尊敬，見到宰相，即使於馬上或車上，亦下而見之。又唐代政事堂在中書省，宋代中書政事堂在禁中（宫中），與王曾筆録合而觀之，宋代宰相絶對的只是皇帝祕書長之職。

（2）臺（御史臺）諫（諫官）官對於相權之箝制。

唐代，諫官本爲宰相兩府——中書省（右諫議）、門下省（左諫議）之屬官（如門下省有左諫議大夫、左拾遺、左補闕，中書省有右諫議大夫、右拾遺、右補闕），職在諫阻皇帝，實爲宰相用以代言阻撓皇帝之行事者。臺官雖非宰相之屬官，但亦由宰相任用或推薦，其職在監察中下級官吏。

宋代臺官諫官由皇帝任命，而且宰相不得推薦人選。諫官不諫皇帝，而箝制宰相；臺官亦往往與宰相爲敵，至謂「臺諫所以糾大臣之越法者」。（章惇語，見宋史選舉志）形成臺諫與宰相對立之形勢。此輩多新進後生，地位不高，銳於言事，「以立異爲心，以利口爲能」。（通考卷五〇）

王巖叟居臺諫官，司馬光稱其言事「至於再三，或累數十章，必行其言而後已」。（王巖叟傳）

劉沆為相，慨然上言，「臺諫官用事，朝廷命令之出，事無當否，悉論之，必勝而後已」。「仁宗時，有宰相奉行臺諫風旨之譏。」（陳宓傳）

故北宋無權相，而南宋則有。

三、相權之分割

漢、唐時代宰相之權雖强弱因時不同，但民政、軍政、財政及其他一切行政權，宰相無不綜攬，故行政權力可謂很完整。至宋則不然，宰相之權至少分爲三分，中書宰相主民政，樞密院主軍政，三司主財政，幾可謂三權分立制。

宋史卷一六一職官志一：「尚書、門下並列于外，又別置中書禁中，是爲政事堂，與樞密對掌大政。天下財賦，内庭諸司，中外筦庫，悉隸三司。」

宋史卷五太宗紀二，淳化元年十一月「辛酉，詔中外所上書疏及面奏制可者，並下中書、樞密、三司，申覆頒行」。

宋史卷一七九食貨志，仁宗至和中，范鎮言：「古者冢宰制國用。今中書主民，樞密主兵，三司主財，各不相知。故財已匱，而樞密益兵不已；民已困，而三司取財不已；中書視民之困，而不知使樞密減兵，三司寬財者，制國用之職不在中書也。」

下列為幾個分割相權的機關：

（1）樞密院。

A．淵源。承唐樞密使之制，本為宦官之職，梁改稱「崇政院」，以士人為之。後唐復舊名。十國中如南唐、後蜀亦有此制。宋即承唐、五代而來。

B. 置使員額。宋初置樞密使及副使。後(約神宗時)或改置「知院事」、「同知院事」，或同時並置。資淺者又有直學士及簽書院事等名目。

C. 職權。唐後期已侵宰相之權。唐末楊復恭等已於宰相堂狀後帖黃，指揮公事。五代士人為使，皆皇帝親信，權過宰相。唐愍帝至目宰相為粥飯僧(無實權)，無所用心。王建立傳謂樞密使以頭子易將相，足見威權之盛。至宋，則文、武分權，樞密使位在宰相下。

中書、樞密之職權關係或可作以下之臆測：

〔唐末〕：君旨→樞密→中書→

〔後唐(五代)〕：君旨
→樞密(宣下)→
→中書(敕下)→
(可能亦為君旨→樞密→中書→)

〔宋代〕：君旨
→(文)中書→
→(武)樞密→

D. 後期或使宰相通議兵事，或使宰相領樞密院。

涑水記聞卷一〇「丁度」條：

「國朝故事，中書制民政，樞密專兵謀。及趙元昊逆命，朝廷事多。度建言，古之號令皆出於一。今二府分兵民之政，若措置異同，則下無適從，非為國體。於是始詔軍旅重務，二府通議。」

宋史卷一六二職官志：

「宋初循唐五代之制，置樞密院，與中書對持文武二柄，號為二府。」「政事堂與樞密院對掌大政。」「慶曆中，二邊用兵，知制誥富弼建言，邊事繫國安危，不當專委樞密。仁宗以為然，即詔中書同議。諫官張方平亦言中書宜知兵事，乃以宰相呂夷簡、章得象並兼樞密使。熙寧初，滕甫言，中書、樞密議邊事，多不合。趙明與西人戰，中書賞功，而密院降約束；郭逵修堡柵，密院方詰之，而中書已下褒詔。願大臣凡戰守除帥，議同而後下。神宗善之。」

又云：

「元豐五年，降改官制（依唐六典為依歸，將宋官制改為唐官制）。議者欲廢樞密院歸兵部。帝曰祖宗不以兵柄歸有司，故專命官以統之，互相維制，何可廢也。」

又云：

「紹興七年，詔樞密本兵之地，事權宜重，可依故事置樞密使，以宰相張浚兼之。其後或兼或否。至開禧（寧宗）以宰臣兼使，遂為永制。」

按：開禧下距宋亡尚七十餘年。

（2）三司。

A．淵源。唐代三司，判度支（運用稅收）、判户部（管賦稅）、鹽鐵轉運使（管賦稅以外之收入），為三個使司。唐末已偶委一人專制三司。梁又置建昌宮使、租庸使等名目，但非恒制。後唐長興元年，以張延朗充三司使，爲宋制三司爲一使之始。

B．使額。置三司使一人，又有副使、鹽鐵使、度支使、户部使及三部副使。元豐官制行，「罷三司，並職户部。」

C．三司職權。宋史職官志：

「天下財賦，内庭諸司，中外筦庫，悉隸三司。」「中書但掌册文覆奏考帳。」「三司之職，國初沿五代之制，置使以總國計。應四方貢賦之入，朝廷不預，一歸三司，通管鹽鐵、度支、户部，號曰計省。位亞執政，號曰計相（財權方面的宰相）。其恩數廩禄（薪水）與參（參知政事）樞（樞密使）同。」「掌邦國財用之大計，總鹽鐵户部度支之事，以經天下財賦，而均其出入焉。」

（3）審官院、審刑院。

涑水記聞卷三：

「李受曰，淳化中，趙韓王（趙普）出鎮，太宗患中書權太重，且事衆，宰相不能悉領理。向敏中時爲諫官，上言，請分中書吏部置審官院，刑房置審刑院，初皆以兩制重臣領之。」「大理寺常畏事審刑院小屬吏。凡有事，審刑院用頭子（本為樞密院下公文之公叫頭子）下大理寺，大理寺申狀。」

宋史卷一六八楊億傳疏云：

「若辨論官材歸於相府，即審官之司可廢矣。詳評刑辟屬於司寇，即審刑之署可去矣。」

宋朝事實卷九職官門原注：

「太宗用趙普議置考課院、審官院，以分中書之權。」

按：元豐官制行，「銓注之法悉歸選部，以審官東院為尚書左選，審官西院為尚書右選」。

「罷審刑糾察歸於刑部」。（宋史一五八選舉志四）神宗元豐改制，把任用權、司法權、財權都歸回宰相。

四、北宋中葉相權之漸重

神宗元豐改制，宰相之權漸重，此於上節已分別附見。今條其要點如下：

（1）三司所掌散於六部諸寺監，即仍歸中書宰相統屬。

（2）審官院歸入吏部，即文武官吏任用權仍歸吏部。

（3）罷審刑院，歸其職於刑部。

（4）臺諫演變爲宰相對付政敵之工具。陳宓（寧宗時）云：「仁宗時有宰相奉行臺諫風旨之譏，今又有臺諫不敢違中書之諭。」（宋史卷四〇八本傳）

（5）元豐改制惟兵權仍在樞密院，但每由宰相兼領樞使，南宋中葉則例由宰相兼領。

五、北宋末及南宋權臣之出現

文獻通考職官二：

「自宋元祐(哲宗年號)以後,文潞公、吕申公相繼以平章軍國重事序宰臣上,而宰相之上復有貴官自此始。……文、吕以碩德老臣爲之,宜也。自此例一開,於是蔡京、王黼相繼以太師總知三省事,三日一朝,赴都堂治事。以至於韓侂胄、賈似道擅權專政之久者皆欲效之,蓋卑宰相而不屑爲,而必求加於相以自附於文、吕,則宋中葉以後所謂平章者如此。」

李心傳建炎以來朝野雜記甲集卷一〇官制一:

「蔡京以太師總領三省,號公(此乃三公之公,見其地位高於一般宰相)相。」

宋會要輯稿職官一之四三,李邦彦疏論云:「公相領三省,則權侔人主,非所當也。」宣和七年四月手詔廢公相制云:「仰惟神考,正名百官,……眷言三省稽決政事,……凡命令之出,所以審議行者必由此焉。故嘗有詔曰,中書揆而議之,門下審而覆之,尚書承而行之,有不當者,自可論奏。事無巨細遍經三省,無出一已,使擅其權。屬政和初建議者,遂以尚書令僕之名易之公相,凡三省之務悉總治之,後復以公相廳為都廳而領三省,則初未之革。使神考垂裕不刊之典,奪於權臣自營之私。朕……嘗謂……居三公論道之位而總領三省衆務,使宰相承弼殆成備員,殊失所以紹述憲章之意。可於尚書省復置尚書令,虚而不除,三公止係階官，更不總領三省。……三省並依元豐成憲，毋復更紊。」

宋史四七四韓侂胄傳，以知閤門事，協助趙汝愚立寧宗，以提舉神祐觀專國，累遷至太保太師。以童子師陳自强為相。「凡所欲為，宰執惕息，不敢為異，陳自强至印空名敕劄授之，惟所欲用，三省不預知也。……開禧改元……除平章國事……三日一朝，因至都堂，序班丞相之上，三省印並納其第。……自置機速房於私第，甚者假作御筆，升黜將帥，事關機要，未嘗奏稟，人莫敢言」。

李心傳建炎以來朝野雜記乙集一五官制一平章軍國事條：

「開禧元年初置，以命韓侂胄。邊事起，尚書省印亦納於其第，宰相僅比參知政事，不復知印矣。」

宋史賈似道傳：

「初太師平章軍國重事。……吏於文書就第署，……宰執充位，署紙尾而已。」

宰相：北宋初——極弱 ⟩ 變化大
　　　南宋——極强

第二章　中央政務分職機關

卿監事權漸有歸併入六部者，此開元代六部兼政務、事務兩層職權之漸。兹據宋史職官志所記併置情形如次：

光禄寺——中興後廢併入禮部。
衛尉寺——中興後廢併入工部。
太僕寺——中興後廢併入兵部。
鴻臚寺——中興後廢併入禮部。
司農寺——建炎三年廢併入户部之倉部。紹興四年復置。
太府寺——建炎中廢併入户部之金部。紹興四年復置。
國子監——建炎三年廢併入禮部。紹興十二年復置。
將作監——建炎三年廢併入工部。紹興十一年復置。其後復有變動。
軍器監——建炎三年廢併入工部，後有變動。

據此而言，惟太常寺、大理寺、崇政寺未嘗併省入六部。

第三章　地方行政制度

宋代政治常以下層分權之方式，達成上層集權之目的，地方行政制即為一例。

一、行政區劃

（1）宋初州、縣二級制。

收節度使所領之支郡（即州）直隸中央，於是有節度州、刺史州之名，不相統屬，故地方行政回復爲州、縣二級制。

（2）太宗末年以後，路、府州、縣三級制。

太宗淳化四年始法唐制，分天下爲十道，後四年改制爲十五路，因轉運使有路之名。神宗元豐間增分爲二十三路。南宋保存十六路。

（3）軍、監。

北朝已有軍，爲軍事而設。唐代廣置軍名，只統兵不知民事。宋代承之，但治軍事兼知民事，成爲一地方行政單位，多領縣如下州之比，亦偶有如縣之比者。監爲治鐵、冶銅、鑄錢、煎鹽等業務機關，而兼治附近民事，多屬於州如縣之比，亦偶有領縣，如州之比者。

（4）府州、軍、監、縣之數額。

府州、軍、監三百餘，州最多軍最少，監六十餘，縣一千二百餘。

二、路之置官

宋代鑒於唐末、五代方鎮之禍，故諸路不置元首性之長官而置數司分領衆務。

（1）漕司（漕運）。唐轉運使非地方官。宋初置各路轉運使掌本路漕運與財賦。太宗以後，凡一路之邊防、盜賊、刑訟、錢穀、按察之任，無不綜攬，儼然爲一路之長官。後分其權置憲、倉兩司，而財權亦爲帥司所侵，故漕司之權大削。

（2）憲司。刑獄本由轉運使兼理。真宗置提點刑獄公事一職，别爲一司，兼察官吏，旋又兼勸農使。凡錢穀、盜賊、保甲、軍器、河渠諸務皆兼理之，權勢益重，寖在漕司之上。

（3）倉司。常平（平衡百姓生活，豐年積穀，災時救之）、茶鹽本亦由轉運使兼理。神宗置提舉常平司，掌常平、義倉、坊場（交易場所，政府抽税）、水利之法，兼察官吏賢否。又置提舉茶鹽司，專掌茶鹽事。南宋高宗合二爲一，謂之倉司。

（4）帥司。北宋中葉以後，各路又置安撫使。河東、陝西、嶺南諸路爲經略安撫使，兼馬步軍都總管；餘路爲安撫使兼都總管，或兼兵馬鈐轄等名目。初時其權不重，後兼知治所之府或州事，且兼掌一路之軍民財刑諸政，侵漕、憲諸司之權，頗類唐之節度使。至南宋遂有帥司之稱。

各所司職責分别不明顯，故不易專權。大抵北宋路之諸司官與府州長官地位相去不遠，故宰相罷任而外出典州府者猶不以諸司爲長官。南宋不然，帥、漕、憲、倉四司漸爲府州之長，而帥司地位特隆，有臨駕漕、憲、倉三司而爲一路長官之勢。又或合數路爲一道，置宣撫制置二使以統之，地方之權漸重，遠非北宋之比。蓋地方事權太分，則虚弱不能有爲，外患日亟，勢不能不有所更張也。

三、府州軍監及縣之置官

(1)府、州、軍、監官佐：

A．知事　諸府州雖有節度、刺史之官，以優勳臣軍將，但留於京師，不理府州事；而另委中央文官權知府州事，稱爲知府事、知州事。軍、監亦同(其本官高者則曰判府、州、軍、監事)。該府、州、軍、監之賦役、錢穀、刑訟之事，兵民之政皆總之。此即府、州、軍、監之真正長官。

B．通判　通判之制始於五代，宋代承之。普遍推行，蓋恐知事之權太專，故置通判一員（大府州兩員），與知事均禮，多由朝廷特命。凡兵、民、財、刑諸政，皆須通判簽署方能行下，又有刺察官吏之權，故或稱爲監州。

C．佐官　知事、通判以下有推官、判官（唐時多管財政）等幕職，又有録事、户曹、司法、司理等參軍。録事總衆務，糾諸曹；户曹掌户籍、賦稅、倉儲；司法掌議法、斷刑；司理掌訟獄、勘鞫。又有教授掌教學官、諸生，巡檢掌訓治兵甲、巡捕盜賊。

（2）縣官佐。

宋初，縣置令。後亦以朝官京官權知縣事，如府州之制，職與漢、唐縣全同。其佐官，大縣有丞、主簿、尉。事簡者不置丞；大簡者不置主簿，以尉兼之，亦有置巡檢者。

四、結論

綜上以觀，宋代行政區劃與唐無大差异，而行政組織與運用則大有不同。蓋宋室君臣鑑於唐末、五代藩鎮權重，故對於地方行政採取絶對控制政策。其方法：

（1）最高級地方行政區劃之路，不置元首性之長官，而以帥、漕、憲、倉諸司，分掌衆務，不相統屬，且各司職掌之劃分交互錯雜不清晰，俾互相牽制不能自專。

（2）上自諸路使司，下至縣知事，皆以中央文官（朝官、京官）權充，以便中央直接控制。

（3）猶懼知事官權太專，又置通判，以資牽制與監視。

由於以此控制，地方官絕對不能强梁爲患，然就行政而言，實非一良好制度。蓋互相牽制過甚，政事推行不易，只好因循苟且，不能有所建樹。宋之積弱，此爲一大原因。

第四章　科舉

宋代科舉大體仍承唐制，但亦頗有不同，茲擇要條列如次。

（1）制科在宋不重要。因爲進士科已是殿試，皇帝不須另舉行制舉取士。

（2）殿試。省（尚書省）試之後，再舉行殿試。唐亦曾舉行殿試，爲武后載初元年二月，策問貢士於洛城殿數日方了，殿前試士自此始。然通考云：「武后所試諸路貢士，蓋爲後世之省試，非省試之外再有殿試也。」至宋開寶六年，李昉知貢舉，時人以爲不公。上乃召見下第之人，擇其一百九十五人，與已録取者，親試於講武殿。自此，省試後舉行殿試，遂爲常制。

（3）嚴格考試，憑卷録取。故有糊名、謄録（卷子先找人謄寫，再交評卷人評閱）等制，後世遵之。

老學庵筆記：「本朝進士，初亦如唐制，兼採時望。真宗時，周安惠公始建糊名法，一切以程文爲去留。」

（4）舉行年次：唐代原則上每年舉行。宋代不然，往往三四年或五年一下詔貢舉。仁宗以間隔太久，詔間歲一舉，但解額減半。英宗詔三歲一舉，天下解額取未行間歲之前四分之三。

（5）解額與録取人數。解額大增，録取人數亦遠較唐代爲多。太宗太平興國二年，諸道解送五千二百餘人，取五百餘人，十分取一。時上初即位，廣仕進之路。

太宗淳化三年，貢士萬七千餘人，取進士三百餘人，諸科八百餘人。

真宗咸平元年，貢院言「自來兩京及諸道州府解送舉人將近二萬」。

真宗咸平三年，親試舉人，得進士四百零九人，諸色四百三十餘人。又試老於舉場者九百餘人（録取數），共一千八百餘人。

仁宗世，定取四百人。

寧宗嘉泰二年，楊炳言：「四方士子雲集京師。慶元二年之數二萬八千餘人。今歲三萬九千餘人。」

嘉定中，章穎疏：「諸路每三歲科舉，大郡至萬餘人，小郡亦不下數千人。」

解額規定，各路府州不同。南宋末年解額，見日本棘栗菴所藏宋地理圖拓本。

（6）進士等第。太宗太平興國八年試進士，始分三甲取人。真宗定進士條制，考第之制，凡五等（臨軒唱第）。

第一第二等，賜進士及第。第三等，賜進士出身。第四第五等，賜同進士出身。但夢粱録卷三，謂第一名狀元及第，第二名榜眼，第三名探花。狀元以下，第一甲舉人，賜進士及第；第二甲賜進士出身；第三至第五甲，並賜同進士出身。大約前後亦有更改。

（7）授官。唐中進士，只有出身，宋則即可授官。大抵初期授官甚高，可得通判及知縣。後乃漸低，看宋史選舉志卷一。

（8）考試内容。

A. 北宋前期：四場：一詩賦，二論，三策，四帖經。分場考試，次第定去留，故詩賦最重。仁宗時，李淑以分考不能通加詳校，甚不公平。請先策，次論，次詩賦，次帖經，併試四場，通校工拙。議未決。慶曆中，歐陽修、范仲淹皆主先策論，後詩賦，然舉不能易。

B. 神宗熙寧以後：熙寧二年議更貢舉法。四年，罷詩賦、帖經，而以經義、策論試進士，此爲王安石的主張。

王云：「少壯時正當講求天下正理，乃閉門學作詩賦，及其入官，世事皆所不習，此乃科法敗壞，致人才不及古。」

蘇東坡謂：「自文章言之，則策論爲有用，詩賦爲無用；自政事言之，則詩賦、策論均無用。」

王安石頒其私人所著三經新義於學官（周禮新義爲安石自著，詩、書新義爲王雱、呂惠卿所著），以個人之章句立天下之軌範，束縛思想，大爲時賢所不滿。此後雖有改革，但經義爲重則未改，惟社會重詩賦則如故。

C. 南宋時代：高宗建炎二年，復詩賦與經義並用之制，終宋之世未改。

宋代政治上人才大部份為科舉所出（考試得來），時代愈後，平民經考試出身為政者愈多。

第六編　元代

第一章　輔政制度

金廢中書、門下二省，惟置尚書省。尚書令，正一品，不常置。其下有：

左右丞相各一員，從一品 平章政事二員，從一品	宰相
左右丞各一員，正二品 參知政事二員，從二品	執政

亦置樞密院，樞密使一員，從一品；副使一員，從二品；簽書院事一員，正二品；同簽書院事一員，正四品。

元置中書省，如金之尚書省，樞密院仍舊。元史卷八五百官志一云：

「世祖即位……命劉秉忠、許衡，酌古今之重，定內外之官。其總政務者曰中書省，秉兵柄者曰樞密院，司黜陟者曰御史臺。其次在內者（謂中央）則有寺，有監，有衛，有府；在外者則有行省，有行臺，有宣慰司，有廉訪司。其牧民者則曰路，曰府，曰州，曰縣。官有常職，位有常員，其長則蒙古人爲之，而漢人、南人貳焉。」

此見中央輔政之政、軍、監察三權分立。葉士奇草木子云：

「世祖立中書省以總庶務，立樞密院以掌兵要，立御史臺以糾彈百司。嘗言，中書是朕左手，樞密朕右手，御史臺是醫朕兩手的。」

一、中書省

（1）總政務：統六部，實兼唐代中書、尚書兩省之職。

新元史卷二一文宗紀，詔曰：

「昔在世祖以及列聖臨御，咸令中書省綱維百司，總裁庶政，凡錢穀、銓選、刑罰、興造，罔不司之。自今除樞密院、御史臺，其餘諸司及左右近侍（皇帝近侍）敢有隔越中書奏請政務者，以違制論。」

大元聖政國朝典章振朝綱條：

「除樞密院、御史臺、徽政院、宣政院各遵舊制，其餘各衙門及近侍人等，敢有擅自奏請中書庶務者，以違制論。」

按：徽政院即詹事院，後又更名儲政院。宣政院掌「釋教僧徒，吐蕃諸族」。（百官志）

（2）置官：

A．中書令（不常置），正一品。蒙兀兒史記卷四八耶律楚材傳，太宗以耶律楚材為中書令，「仍敕今後凡事先白中書，然後奏聞」。世祖以下，中書令以皇太子領之，實不與政。

B．八府（一般分八個官）：宰相表世祖中書省「置左右丞相（正一品），平章事（二人，從一品），左右丞（正二品），參知政事（二人，從二品），凡四等。（以右爲尊）」。「成宗定左右丞相以下，平章政事二員（或四員），左右丞各一員，參知政事（又稱執政）二員，爲八府（以右爲尊）」。然宰相人數亦不固定，或多至十七人，二十一人，乃至三四十人。蓋皇帝又往往任人「商議中書省事」，此爲加官性質，世祖時已有之。其後「商議（示其地位與宰相平等）中書省事」多加於集賢學士或翰林學士。八府官亦往往兼知樞密院事。

八府之下有參議中書省事，正四品，爲八府之首席幕僚。新元史百官志云：「參議（示其地位與宰相有所不及）中書省事，左右司文牘，爲六曹之管轄。」下有左右司郎中，員外郎。

二、樞密院

樞密使不常置，偶以太子領之。以知院（從一品，六員）、同知（正二品，四員）爲之長。掌天下兵甲機密之務及宮禁宿衛、軍官選授之政令。

三、御史臺

大夫二員，從一品；中丞二員，正二品。掌糾察百官善惡、政治得失。

四、宣政院

此為元代所特有，置使若干人，從一品。「掌釋教僧徒及吐蕃之境」。遇吐蕃有事，則為分院往鎮。如大征伐，則會樞院議。其用人則自為選，軍民僧俗通用。其行政實獨立於中書省之外。其屬甚繁，舉其要者：

斷事官，從三品。

客省使，從五品。

吐蕃等處宣慰司都元帥府，從三品。（包括西夏）

洮州元帥府，從三品。

積石州元帥府。

吐蕃等處招討使司，正三品。

松潘、疊、宕、威、茂州等處軍民安撫使司，正三品。

第二章　中央政務分職機關——中書六部

自南宋寺監之職往往歸併於六部，元代六部更普遍兼有寺監之權如漢之九卿。六部名稱如唐宋之舊，各置尚書三員，正三品。下置侍郎、郎中、員外郎各若干人，向無固定分司之制。

一、吏部

元史卷八五百官志：「吏部……掌天下官吏選授之政令。凡職官銓綜之典，吏員調補之格，封勳爵邑之制，考課殿最之法，悉以任之。」

二、户部

元史卷八五百官志：「户部……掌天下户口錢糧田土之政令。」

此本唐之舊職，但不分司，而其屬下之業務機關則甚多，并舉其要者如下：

都提舉萬億寶源庫，掌寶鈔、玉器。

都提舉萬億廣源庫，掌香藥、紙劄諸物。
都提舉萬億綺源庫，掌諸色段疋。
都提舉萬億富源庫，掌絲綿、布帛諸物。
四庫照磨兼架閣庫。
諸路寶鈔提舉司。
寶鈔總庫。
大都宣課提舉司，領京城各市。
大都酒課提舉司。
京畿都漕運使司。
都漕運使司。
檀景等處採金鐵冶提舉司。
大都、河間等路都轉運鹽使司。
山東東路轉運鹽使司。
河東陝西等處轉運鹽使司。
按：此可代表元代六部組織職掌之性質，實與漢代之寺卿相類，與唐代之部不同。

三、禮部

元史卷八五百官志："禮部……掌天下禮樂祭祀燕享貢舉之政令。"

其屬有：

侍儀司，正四品。掌凡朝會、即位、册后、建儲、奉上尊號及外國朝覲之禮。

儀鳳司，正四品。掌樂工、供奉、祭饗之事。其屬有雲和、安和、常和、天樂四署及廣樂庫。

教坊司，從五品。掌承應樂人及管領興和等署。

會同館，從四品。掌接伴引見諸番蠻夷峒官之來朝貢者。

白紙坊，從八品。掌造詔旨宣敕紙劄。

掌薪司，正七品。

四、兵部（職實與軍政無關，因權兵已為樞密院所奪）

元史卷八五百官志："兵部……掌天下郡邑郵傳、屯牧之政令。"

其屬有：

大都陸運提舉司，從五品。
管領隨路打捕鷹房民匠總管府，從三品。
管領本投下大都等路打捕鷹房諸色人匠都總管府，正三品。
隨路諸色民匠打捕鷹房等户都總管府，從三品。

五、刑部

元史卷八五百官志：「刑部……掌天下刑名法律之政令。」
其屬有：司獄司及司籍司（本名大都等路斷沒提領所）。

六、工部

元史卷八五百官志：「工部……掌天下營造百工之政令。」
其屬有：
左右部架閣庫，正八品。「掌六部文卷、簿籍架閣之事。」（元史卷八五百官志）
諸色人匠總管府（屬於官府工業），正三品。「掌百工之技藝」。（元史卷八五百官志）
梵像提舉司，「董繪畫佛像及土木刻削之工」。（元史卷八五百官志）

鑄瀉等銅局。

銀局，掌金銀之工。

鑌鐵局。瑪瑙玉局。石局。木局。油漆局。

諸色局人匠總管府。

諸路雜造總管府。

七、諸卿（職權已萎縮或相類諸機關）

（1）大宗正府。以諸王為之長，從一品。理蒙古公事。

（2）大司農司。大司農四員，從一品；大司農卿，正二品。掌農桑水利學校饑荒之事。

（3）宣徽院。院使六員，從一品。掌供玉食。其屬有：

光禄寺。卿四員，正三品。掌起運米麴諸事。

大都尚飲局、大都尚醖局。

上都尚飲局、上都尚醖局。

安豐懷遠等處稻田提領所。

常湖等處茶園都提舉司。

建寧北苑武夷茶場提領所。

(分佈兩都及四方之分支機構甚多,不詳録。)

(4)大禧宗禋院,院使從一品。掌神御殿朔望歲時諱忌日辰禋享禮典。附屬機構甚多。

(5)太常禮儀院,院使正三品。掌大禮樂祭享宗廟社稷封贈謚號等事。

(6)典瑞院,院使正二品。掌寶璽金銀符牌。

(7)太史院,院使正二品。掌天文曆數之事。

(8)太醫院,院使十一員,正二品。掌醫事。

(9)侍正府,侍正十四員,正一品。掌内庭近侍之事。

(10)將作院,院使七人。掌成造金玉珠翠犀象寶貝冠佩器皿,織造刺繡段疋紗羅異樣百色造作。

(11)通政院,院使若干人,從二品。掌站驛以給使傳。

(12)中政院,院使七人,正二品。掌中宫財賦營造供給並番衛之士湯沐之邑。管領兩都四方附屬機構甚多。

(13)太僕寺,卿二員,從二品。掌阿塔思馬達受給之事。

（14）尚乘寺，卿四員。掌鞅轡造作事。

（15）太府監，卿六員，正三品。領左右藏等庫，掌錢泉出納之數。

（16）度支監，卿三員，正三品。掌給馬駞芻粟。

（17）利用監，卿八員，正三品。掌出納皮貨衣物之事。

第三章　地方行政制度

元代中央最主要機關為中書省、樞密院、御史臺，分掌政治、軍事、監察，而於四方置行省、行院、行臺，分佐其任。行樞密院因事而設，事畢則為非經常設機構。而行中書省、行御史臺為常置機關，行省統地方行政，行臺負監察之責。茲分述如下：

行省十一，曰嶺北（外蒙古）、遼陽（東北三省及韓國北部）、河南江北、陝西、四川、甘肅、雲南、江浙、江西、湖廣、征東（韓國南部）。而今河北、山東、西及内蒙古則稱為腹裏，直轄於中央之中書省。

中書省直轄腹裏三，路二十九，州八。行省各轄路一，府一，州各若干（河南、陝西、江浙、湖廣），府州或有或無（遼陽、四川無州，甘肅、江西無府），偶有轄軍者，而嶺北、征東之制極簡是特例也。

路轄録事司一、縣若干，又領屬府、屬州各若干。屬州幾恒有，屬府則常無。録事司者凡路之治所皆有之，掌城中民户，民户特少者不置。而杭州路先置四司，為左右兩司，是特例。蓋杭州為南宋國都，民户特多也。上都則為警巡院，大都有左右兩院。

府及屬府皆轄縣，且有倚郭縣，故府及屬府皆非最低級之行政區，而亦有領屬州。屬州又有領縣者，然不常見。腹裏之屬府亦有此類情形（上都路之順寧府），尤為特例。

唐、宋之州皆有倚郭縣，州官不親民事。至元，州及屬州有三種情形：一為最低級行政區，不別領縣；二為最低級行政區而別領少數縣；三為轄縣，且有倚郭縣，但以州官兼領之，則州雖非最低級行政區而官實親民。觀此三種情形，元代州之名雖同唐、宋而實縣之比耳。

省多分道，置宣慰司，共十七道。蓋各省地區廣闊，其距省治較遠之區，則分道置宣慰使司，以為省與本道所屬之路、府、州間轉達機關。如江浙行省之杭州路，而置浙東、福建兩宣慰司，其浙江以西則不置也。湖南、四川、雲南諸省又置安撫、宣撫諸司，以統蠻夷。其地位則比於路，或亦統路、府、州。元代地方行政區劃組織大略如此。中書省及行省又或置分省，非經制也。

行御史臺有二：曰江南、曰陝西，亦稱南臺、西臺。元初承宋置諸道提刑按察司兼勸農事。世祖末改為肅政廉訪司，共二十二道。內道八，直隸於御史臺；江南十道，隸屬於南臺；陝西四道，隸屬於西臺，分察諸省、路之行政。元代地方行政區劃、行政系統與監察機構甚複雜，茲圖示如次：

元代地方行政組織系統圖

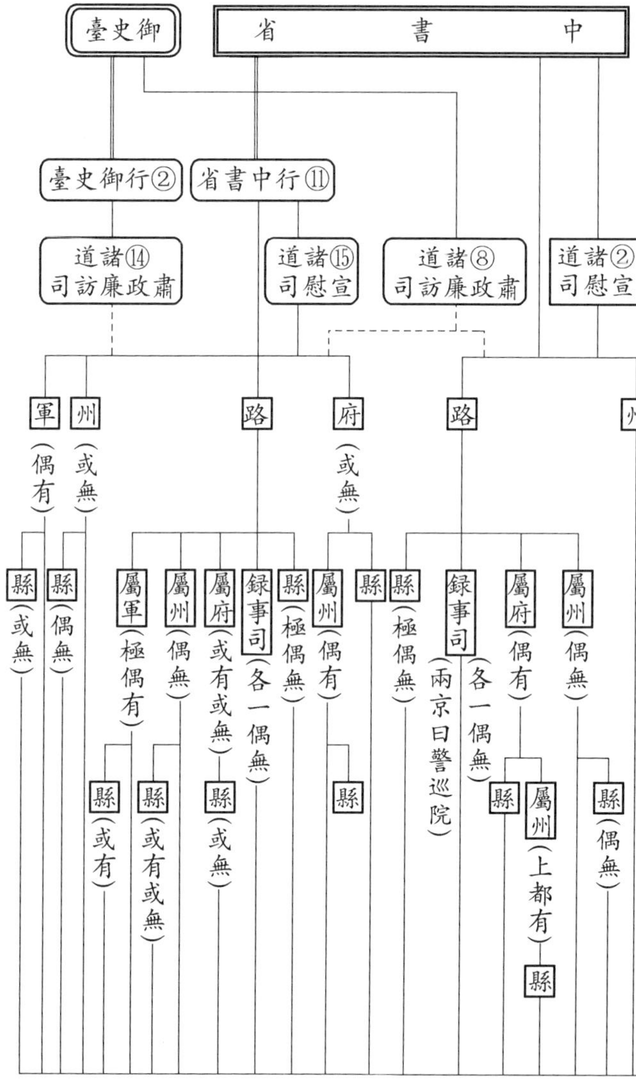

詳觀此圖，再就地理志統計其數字：為路一百八十五；府之隸於省者二十二，隸於路者十一；州之隸於省者六十二，隸於路者三百一十；縣之隸於路者五百九十，隸於省轄之府州者九十八，隸於路轄之屬府屬州者四百二十五；路領之録事司一百零三。縣與録事司為最低級之行政單位，州大半亦然。故元之地方行政區劃與組織雖極複雜，但大體言之，要為省、路（府、州）、縣（州、司）三級制，偶參以四級、二級耳。

元初，行省皆以中書省官出領其事。後别置官，有丞相一員，平章事二員，右左丞各一員，參知政事二員，略如中書省之制。丞相不常置，各以平章事為長官。其屬有檢校、照磨、理問等所。宣慰司分道掌軍民之務，行省有政令，則佈於下；下有所請，則轉達於省，又或兼管茶鹽等有關財政諸務。司置使三員，同知、副使各一員，亦有經歷、照磨之屬。宣撫司、安撫司置官與宣慰司略同，而使上各置達魯花赤一員。此外，省級之行政機關有儒學提舉司，提舉、副提舉各一員，統諸路、府、州、縣學校；而江浙、湖廣、江西又各置蒙古提舉學校官，河南、江浙、江西、湖廣、陝西各置官醫提舉司。東南鹽茶財富之區，又或置專司，隸於省，以掌之。

諸路總管府置達魯花赤及總管各一員，並三品。其佐有同知、治中、判官、推官等員。其屬有儒學、蒙古、醫學諸教授及司獄、平準、織染、府倉、稅務、藥局等職。

府置達魯花赤一員，知府或府尹一員，秩皆四品。佐官有同知、判官等員。州置達魯花赤一員，州尹或知州一員，秩皆從四品至五品；佐官與府同。縣置達魯花赤及尹各一員，秩皆六品。又置丞、簿、尉各一人，典史二人。中縣以下不置丞。州縣皆分區置巡檢司。

録事司爲元之特制，先置司候、判官之職，後置達魯花赤、判官、典史各一員，以判官兼司候之任。兩都警巡院之制稍崇。

自司路以下，皆以達魯花赤爲真正首長，以蒙古人爲之，參用色目人。

御史兩行臺置官略如中央之御史臺，有御史若干人，大夫爲之長。肅政廉訪司各置廉訪使、副使各二員，僉事四員，亦有經歷、照磨之屬。

第四章　科舉與用人

一、科舉

遼亦有科舉制，多分為詩賦、經義兩科。聖宗時只以詞賦、法律取士，詞賦為正科，法律為雜科。考試程序，有鄉試、府試、省試。鄉試及格曰鄉薦，府試及格曰府解，省試及格曰及第。開科時間不一定，或每年一科，或間年、或三數年一科。録取人數，初僅一二人或四五人；道宗以後多者百餘人，少者七八十人，然參與政治之機會並不甚大。金史云，遼臣「致身所自進士纔十之二三耳」。

「金設科皆因遼宋制，有詞賦、經義、策試、律科、經童之制，……其試詞賦、經義、策論中選者，謂之進士；律科、經義(?)中選者，謂之舉人。」(金史選舉志一)

世宗大定十一年創女直進士科，初但試策，後增試論，所謂策論進士也。三年一開科。凡諸進士、舉人，由鄉至府，由府至省，及殿廷，凡四試。

元初屢議興科舉，但不果行。中葉仁宗皇慶中始頒條制，三年一開科。蒙古、色目人為一榜，漢人、南人為一榜，分別考試。蒙古、色目考經問、時務策兩場；漢人、南人加考古賦、詔誥及章表一場。蒙古、色目人願試漢人、南人科目，中選者加一等注授。

鄉試：行省十一：河南、陝西、遼陽、四川、甘肅、雲南、嶺北、征東、江浙、江西、湖廣；宣慰司二：河東、山東；直隸省部路分四：真定、東平、大都、上都。

天下選合格者三百人赴會試，於內區中選者一百人，內蒙古、色目，漢人、南人，分卷考試，各二十五人。其赴會試之三百人名額分配如下表：

	蒙古人	色目人	漢人	南人	合計
大都	15	10	10		35
上都	6	4	4		14
真定	5	5	11		21
東平	5	4	9		18
河東	5	4	7		16
山東	4	5	7		16
河南	5	5	9	7	26

續表

	蒙古人	色目人	漢人	南人	合計
陝西	5	3	5		13
甘肅	3	2	2		7
四川	1	3	5		8
雲南	1	2	2		5
嶺北	3	2	1		6
遼陽	5	2	2		9
征東	1	1	1		3
江浙	5	10		28	44
江西	3	6		22	31
湖廣	3	7		18	28
共計	75	75	75	75	300

（據元史選舉志）

二、用人

（參看箭内亙著，陳捷、陳清泉譯元代蒙漢色目待遇考、元朝怯薛及斡耳朵考）

上節述科舉取士，蒙古人、色目人、漢人、南人有差別待遇。至於官吏任人，更有差別待遇。元史百官志云：「官有常職，位有常員。其長則蒙古人為之，而漢人、南人貳焉。」其散見於元史紀傳者更隨處可見：

「故事，丞相必用蒙古勳臣。」（仁宗紀）

「平章之職，亞宰相也。承平之時，雖德望漢人抑而不與。」（成遵傳）

「舊制樞府官從行（從車駕），歲留一員司本院事，漢人不得與。」（鄭志宜傳）

「故事，臺端（御史臺長官）非國姓不授。」（太平傳）

「各道廉訪司，必擇蒙古人為使。或闕，則以色目世臣子孫為之。其次參以色目、漢人。」（成宗紀）

「至元二年二月……甲子，以蒙古人充各路達魯花赤，漢人充總管，回回人充同知，永為定制。……五年三月……丁丑，罷諸路女直、契丹、漢人為達魯花赤者，回回、畏兀兒、乃蠻、唐古人仍舊。」（世祖紀）

據元史宰相表，自中統元年（忽必烈即位）至元末，左右丞相凡五十七人，蒙古人四十一，色目人十二，漢人四（就中之一為契丹人）。是則雖非全部用蒙古人，但蒙古人佔絕大多數。樞密院之樞密使與中書令同為皇太子之兼任官，或虛位不任人，故總院事者實為副使。其後以知樞密院事（知院）為長官，同知樞密院事（同知）與副使次之。此諸正、副長官中亦絕大多數為蒙古人，惟四人為色目人，二人為漢人。漢人即趙璧、史天澤，僅為副使。御史臺長官御史大夫之可考者，惟八人為色目人，漢人惟賀惟一一人，但仍賜蒙古姓，以符合傳統之慣例。

箭內亙考元代兵制，分內外兩部。內為宿衛諸軍，外為鎮戍諸軍。宿衛諸軍中又分怯薛與各衛兩種：前者之長曰怯薛長，直隸於皇帝；後者之長稱為親軍都指揮使，親軍都指揮使與四方鎮戍諸軍同隸樞密院。怯薛長以蒙古元勳之子孫為之。親軍都指揮使，防衛近畿，除蒙古人外，元史可考者，有色目人二十三人，漢人十九人（包括契丹人）。

元代有一種官名達魯花赤（Darukhuchi），意謂束縛之人，為掌印辦事之長官。除最高級官衙，如中書省、行省，樞密院、行院，御史臺、行臺，六部及其他獨立之高級官衙外，皆置此職，尤其地方行政官衙（如諸路總管府、府、州、縣）及地方軍衙（如萬户府、千户所）皆置此職。投下（諸王、駙馬、功臣等分地）亦必置之。乃為地方官衙之真正長官，皆用蒙古人，絶少例外。

另外兩點值得注意：

一、蔭叙。諸品官蔭敘，蒙古人、色目人特優一等。

二、怯薛。怯薛者，蒙古語 Keshik 之對音，有恩惠、寵愛之意，轉而為「蒙天子恩寵」之意。怯薛為元代禁衛軍中之核心組織，即為天子之最近身侍衛，皆蒙古勳臣子弟為之。怯薛兵稱為怯薛歹（Keshiktei），定數為一萬人，其長則以太祖四功臣之後裔世襲其職。怯薛常侍天子身邊，掌天子之飲食、衣服、文書、府庫、醫藥等生活諸事。世襲其職，故不發生宦官竊權現象。

第七編　明代

第一章　中央政府組織概況

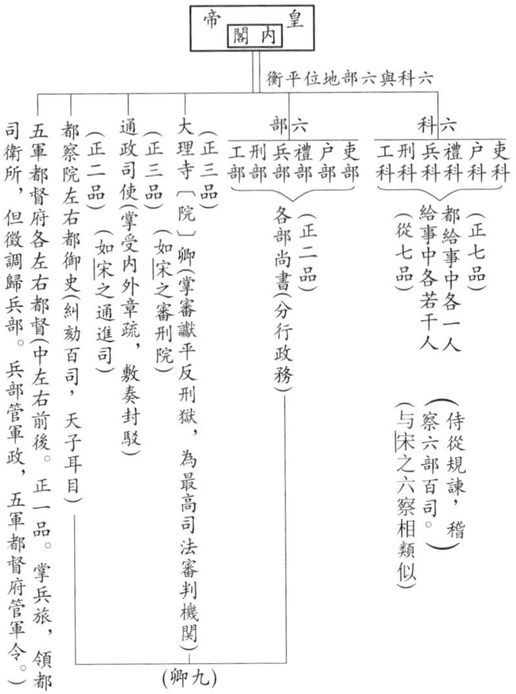
皇帝
内閣
六科與六部地位平衡
六科
吏科 户科 禮科 兵科 刑科 工科
(正七品)
都給事中各一人
給事中各若干人
(從七品)
(侍從規諫，稽察六部百司。)
(与宋之六察相類似)
六部
吏部 户部 禮部 兵部 刑部 工部
(正二品)
各部尚書(分行政務)
(正三品)
大理寺(院)卿(掌審讞平反刑獄，為最高司法審判機関)
(正三品)
通政司使(掌受内外章疏，敷奏封駁)
(如宋之審刑院)
(正二品)
都察院左右都御史(糾劾百司，天子耳目)
(如宋之通進司)
五軍都督府各左右都督(中左右前後。正一品。掌兵旅，領都司衛所，但徵調歸兵部。兵部管軍政，五軍都督府管軍令。)
(九卿)

明史卷七二職官志序：「自洪武十三年罷丞相不設，析中書省之政歸六部，以尚書任天下事，侍郎貳之，而殿閣大學士只備顧問。帝方自操威柄，學士鮮所參決。其糾劾則責之都察院，章奏則達之通政司，平反則參之大理寺，是亦漢九卿之遺意也。分大都督府為五，而徵調隸於兵部。外設都、布、按三司，分隸兵、刑、錢穀，其考核則聽於府、部。」

第二章 輔政制度——內閣

閣本古藏之所，其後廣之為樓觀之通名，如石渠、天一、麒麟之類，或以藏書，或以繪像，或以為登臨之地。東漢官曹始有稱臺閣者（日知録卷二四閣下條）。宋代始以殿閣之名付予近侍。明初因之。成祖即位，始見有內閣之名。

一、內閣制度形成之背景

太祖為吴王時本如元制置中書省，以左右相國為之長，先尚右，後尚左。洪武元年改為左右丞相，或居內輔政，或統軍征伐。其居內負行政責任者先後有李善長、汪廣洋、胡惟庸三人，權利甚大。十三年正月誅胡惟庸後，「革去中書省，陞六部」，仿古六卿之制，俾各司所事。更置五軍都督府，以分領軍衛，使「權不專於一司」。並創為祖訓云：

「以後子孫做皇帝時，並不許立相。臣下敢有奏請設立者，文武群臣即時劾奏，將犯人凌遲，全家處死。」

太祖廢宰相的目的無非欲防止大臣專權，而自理萬機，以期政治安定，但事實殊不可能。因為天下事太多，無法皆躬親處理，春秋夢餘録卷二五云：

「洪武十七年九月，給事中張文輔言，自十四日至二一日，八日之間，內外諸司奏劄，凡一千一百六十件，計三千二百九十一事。」

如此繁多之事務，皇帝一人勢必無法處理，必得有人幫助，有如後世之祕書。內閣猶如皇帝之祕書處，內閣學士就是皇帝的祕書。

二、內閣學士之名稱與兼官

（1）名稱。

內閣者，內庭殿閣之謂。洪武十五年，始仿宋制置殿閣大學士，有中極殿（舊名華蓋殿）、建極殿（舊名謹身殿）、文華殿、武英殿、文淵閣、東閣諸名，置學士或大學士，以其皆內庭，故總稱為內閣大學士、大學士。

（2）學士兼官。

大學士僅五品之職，地位甚卑，因為協助皇帝辦事而職權漸重，遂加六部尚書、侍郎，高至三師。加侍郎為第三品，加尚書為第二品，加三師則為第一品，地位遂尊。朝會時，位在其他尚書之上。官銜既高，又常以經筵講官為之，是帝師或太子師也。內閣之位乃既尊且親。

三、內閣之選任

明史職官志序：「天順二年（英宗世）後，纂修專選進士。由是非進士不入翰林，非翰林不入內閣。……明代宰輔一百七十餘人，由翰林者十九。」

是內閣有一定的資格，而其遷升亦稍有軌跡可尋。大抵明代中葉例以尚書侍郎升尚書入閣，但已任尚書之官，則少得入閣。正德初劉瑾用事，遂破例以尚書入閣，自後尚書入閣佔明代大學士一百七十餘人中之過半數。

至於任用之方式，明初多出特簡，即由皇帝直接任命。成祖及宣、仁諸朝皆如此。中葉以後多由會推（一謂廷推），甚少例外，此為一好的制度。惟後來內閣中產生首輔掌握朝政大權，會推大學士徒具虛名，實由首輔以操縱，蓋「主持者止一二人，餘皆不敢言，言即取禍」。好的制度遂被破壞，熹宗天啟以後魏忠賢竊權，會推之權又落入寺宦之手，其事更壞。崇禎帝又操「枚卜」方式，乃由大臣推薦內外候選人數員，皇帝向蒼天焚香叩拜后，卜點得中者即任之，晚年又用考選之法，然不能持之以公，非有成見，即為人所利用。

四、内閣的職權與首輔

（1）職權。

内閣學士本備顧問而已，有時皇帝口授旨意命學士代筆起草文書。後來皇帝或年幼或無能，依賴日殷，其權漸重，尤要者為「票擬批答」權。凡大政事，皇帝在諸殿閣與大學士商議。而一般公文（奏章）則由大學士用紙條擬具意見，附貼在公文上，謂之票擬。公文連票擬送入宮中，由皇帝親自審定。如同意票擬中之辦法，即將紙條（朱批）撕去，親用紅筆照票擬意見批下，名為批紅（亦稱朱批）。批紅發出即為諭旨。就票擬而言，異同於宋代宰相，但宋代皇帝不親批，明代皇帝要親批，就不一定與票擬意見完全相同。（票擬即為批答而設，沈任遠明清政治制度分為兩事，謂「票擬是草擬詔敕旨，批答是批答奏章」，顯誤。）

廖道南殿閣詞林記：洪武中，革去中書省，分任「九卿衙門，中外章奏皆上徹御覽。每斷大事決大疑，臣下惟面奏取旨。……故洪武中批答，皆御前傳旨當筆。……永樂、洪熙（仁宗）二朝，每召内閣造膝密議，人不得與聞，雖倚毗之意甚專，然批答出自御筆，未嘗委之他人也。至宣德（宣宗）時，始令内閣楊士奇輩……於凡中外奏章，許用小票墨書貼各疏面而進，謂之條旨。中易紅書批出，御筆親書。及遇大事，猶命大臣面議。議既定，傳旨處分，不待批答。自後始專命内閣條旨。然中每依違或徑由中出。……及天順(英宗)復辟，每事與内閣面議，然後批行。弘治(孝宗)末年總攬乾綱，内閣條旨，多孝廟御書。事涉重大者，厘宣問，幾復國初之舊。……今之建議者徒知批答當依内閣所條，而不知有面議傳旨故事」。

春明夢餘録卷二三：

「祖宗舊規，視朝回宮之後，即奏事一次；至申時，又奏一次。内侍官先設御案，請上文書，即退出門外。待御覽畢，發内閣擬票，此其常也。……票後再行呈覽，果係停當，然後發行。」

大抵内閣權力與日俱增，成祖時，内閣不專制諸司，不侵犯六部職權，諸部司奏章，亦不相關白。「世宗中葉以後，夏言、嚴嵩迭相用事，遂赫然為真宰相，壓制六卿」(百官志)，「六卿皆稟受内閣風旨而後行」(雙溪雜記)。張居正為首輔，更視六部為曹郎矣。

(2)首輔。

内閣學士甚多，職權無明確劃分，亦無重輕之别。自宣德到正統初年三楊(楊士奇、楊榮、楊溥)同時執政，無所謂首輔。或稱士奇為元輔，亦僅因其資歷較深、地位較高而已，職權並無差别。明代首輔大抵始於天順間之李賢，賢以吏部侍郎領吏部尚書，其後遂為首輔故事。吏部尚書於明稱為冢宰，為六部之首，掌用人之權，地位又較其他閣臣為尊，遂為首輔專權之始。趙翼云：「大事皆首輔主持，此揆以下，不敢與較。」故權勢迥然不侔，如夏言為首輔，嚴嵩至不敢與分席。迨嵩為首輔，徐階所以事之者，亦如嵩之事言。至張居正為首輔，次輔呂調陽恂恂如屬吏。居正以母喪，吏封章奏就第票擬。於是首輔儼然如古代之宰相。內閣研商政務，美其名曰取之公議，實則取決於首輔一人，餘人唯唯，無敢可否。票擬之權唯首輔有之。

五、內閣之性質與缺點，及其與宦官擅權之關係

（1）內閣之性質。

就現代行政學言，所謂行政官署者，在一定之行政事務範圍內，有其權限。在其權限內有決定之權，並有表示於外部之權。（如今日之部長有此權，而次長則無此權。）明代內閣大學士不但地位不崇，不是當宰相之位，且其本職只是侍從備顧問而已。後來獲取「票擬」之權，亦只是在幕後協助皇帝處理國政，本身不能有所決定，亦不能向外發佈公文。故內閣不是行政官署，大學士亦非行政官，為百分之百的祕書之職，非宰相之職。趙爾巽云：「明內閣

主擬旨，承旨撰敕，其在唐、宋，特『知制誥』之職。以王命所出入，密勿獻替，遂號為宰相。」（清史稿列傳卷八九傳論）是也。

（2）缺點。

內閣既僅為真正之祕書機關，無宰相之名，亦無宰相之位，亦無宰相之責，但皇帝信任時，又確有宰相之權力。楊繼盛疏曰：「（嚴）嵩無丞相之名，而有丞相之權；有丞相之權，而無丞相之責。」（明史紀事本末卷五四）可謂極為中肯。有宰相之權而無宰相之責，故事壞則諉過他人；無宰相之名位而有宰相之權，故朝臣不能信服，自己亦不能自安而須交結宦官以自固。

（3）內閣與宦官擅權之關係——內閣所竊奪之大權，又為內宦所竊奪。

前條已云內閣無宰相之名位，故必須結納內宦以自固。不僅如此，內閣事實上亦無權決定政事，事事皆須皇帝負責批紅。皇帝太忙，或太懶，有時也可能根本不想見大臣，常常多年不見群臣。

「帝（神宗）不見群臣二十有五年矣。」（明史卷二四四王之宷傳）

大學士沈一貫奏云：「七載於茲，不覩天顏。」（神宗實録卷三五四）

所以內閣票擬也都經宦官傳遞，皇帝也常委宦官批紅，能批紅就無異於真皇帝，以故宦勢大張，卒致政治黑暗為歷代之最。萬斯同曰：「明廢中書而後無善政。」是也。

明史職官志序：

「內閣之擬票，不得不決於內監之批紅，而相權轉歸之寺人。於是朝廷之紀綱，賢士大夫之進退，悉顛倒於其手，伴食者承意指之不暇，間有賢輔，卒蒿目而不能救。」

明史卷一八一李東陽傳，東陽為首輔，劉瑾誅，東陽上疏自列曰：「臣備員禁近，與瑾職掌相關。凡調旨撰敕，或被駁再三，或徑自改竄，或持回私室，假手他人，或遞出謄黃，逼令落稾，真假混淆，無從別白。臣雖委曲匡持，期於少濟，而因循隱忍，所損亦多。」

同卷劉健傳，武宗時健為首輔，時中官用事，健疏云：「邇者旨從中下，略不與聞，有所擬議，竟從改易。」

六、本章結論

（1）內閣一詞，顧名思義，即為內庭之職。蓋太祖猜忌，不欲行政大權操於宰相，故廢去丞相，自以皇帝身份直接統領政府各政務分行機關（如六部、都察院、大理寺、通政司等），是集自古以來皇權、相權於一身，其日常政務之繁可以想見。此則非超人之才能與非常之體力不能肩負。皇帝世襲，才能、體力大抵每況愈下，其勢不能不毗倚近侍之臣為之代勞，於是而有內閣之擅專，更進而演為宦官之竊權。

（2）內閣者指內庭之殿閣學士而言，本為皇帝侍從，備顧問而已，其位本為五品小官。太祖、成祖等有為之君，於奏章有所制定後，口授學士筆書之，故職甚輕，略如唐代知制誥之職。其後毗倚之意漸濃。宣宗宣德間，始令內閣楊士奇等於中外奏章，用小紙墨書，貼於奏章，進呈皇帝，謂之條旨，一曰票擬。皇帝以朱筆批出，謂之朱批（批紅），即為上諭。自此內閣有先草擬意見之權。皇帝既無能，又事繁，勢必即多遵循票擬之意見，於是內閣之權始重。乃加兼侍郎、尚書等銜，以尊其位；又以皇室老師之經筵講官為之，以親其任。既尊且親，又有票擬之權，遂儼然如前代宰相之位。及有首輔，內閣此項最重要之職權即為首輔所專有，次輔以下不能與，於是內閣之權又集中到首輔一人，權勢極隆。

（3）真正宰相機關係行政官署，於政務有一定之決定權，並可發佈之於外（對外行文）。而明代內閣，始終只是在幕後代皇帝私人出主意，一切公文都以皇帝名義發佈出來，與內閣無關，故內閣只是政務之輔助機關。更具體地說，有如近代的祕書機關，不是主體的行政官署。內閣大學士絶對的只是皇帝祕書，不是行政首長的宰相。

（4）內閣只是祕書之職，無宰相之名與位，而竊宰相之權，故朝臣不能信服，內閣大學士為自固其權勢，不能不内結宦官應其意旨。且内閣票擬，不必面見皇帝，皇帝偷懶，率性不朝百官，不見大臣，於是宦官居間，得上下其手，有時皇帝更叫他們代為批紅。因為宦官不但控制内閣之票擬權，而且竊奪皇帝之權，宰制朝政。於是政治遂走上不可收拾之黑暗境地。

（5）黄宗羲明夷待訪録置相篇云：「有明之無善治，自高皇帝罷丞相始也。」此謂明代政治之敗壞導源於太祖廢宰相。萬斯同亦有同樣意見，是也。太祖廢丞相，同時亦鑄鐵碑垂訓，内臣不得讀書，不得干政。後代遵訓不置宰相，是過遵弊政不知改之失，而又不遵訓抑制宦官，更加重此一弊政之惡劣影響，是注定要演為一大悲劇，造成中國史上最可怖之黑暗時代。

第三章　中央政務分職機關

就中央政務之分職而言，明代制度為又一型式。其特點有四：其一，六部兼具政務官、事務官兩種性質，即擬定政策而執行之，略如漢之九卿，但仍有寺卿，承望於六部如唐制。惟此種情形，亦承南宋及元代演變而成熟。其二，司法審判獨立，其大理寺為最高審判機關，不屬於六部之刑部。其三，宋元豐改制，御史臺察院，監察御史六人，分察六曹及百司之事，然其職不重，其效似未顯。明置六科給事中，分察六部。雖承宋制遺意，然績效大顯，實前代所無。其四，宋置通進司、通進銀臺司，以司公文出納，但地位不崇。明特置通政司，地位與六部、大理寺、都察院相等，專受章奏，此亦為前朝所無。茲就六部、大理寺、通政司、都察院及六科給事中，分述其制如次。

一、六部

（1）吏部。

尚書一人，正二品；左右侍郎各一人，正三品。掌天下官吏選授、封勳、考課之政令。其屬有司務廳及文選、驗封、稽勳、考功四清吏司，廳置司務二人，司各置郎中、員外郎、主事各一人。

吏部為六部之長，官升至吏部尚書已到頂點，顧憲成謂之：「內閣者，翰林之結局；冢宰者，各衙門之結局。」故「表率百僚，進退庶官」，「其禮數殊異，無與並者」。因而所選特慎。

（2）户部。

尚書、侍郎同吏部。掌天下户口、田賦之政令。其屬有司務廳、照磨所及十三司（省）清吏司，每司置郎中、員外郎各一人，主事二人。其「十三司各掌其分省（司）之事，兼領所分兩直隸貢賦及諸司衛所祿俸，邊鎮糧餉，並各倉場、鹽課、鈔關」。所轄有：寶鈔提舉司、抄紙局、印鈔局、寶鈔廣會庫、廣積庫、贓罰庫、甲乙丙丁戊字五庫、廣盈庫、承運庫、外承運庫等庫倉。司置提舉，庫倉各置大使，品皆甚低。

按：各司清吏司，志云「條為四科，一曰民科，一曰度支，一曰金科，一曰倉科……」蓋各清吏司皆分四科，則今日之「部」、「司」、「科」之組織系統已開始於明。

（3）禮部。

尚書、侍郎如吏部。掌天下禮儀、祭祀、宴饗、貢舉之政令。其屬有司務廳及儀制、祠祭、主客、精膳四清吏司，各司亦置郎中、員外郎、主事等員。所轄有鑄印局大使。

按：太常寺，卿一人，「掌祭祀禮儀之事，……以聽於禮部」。光祿寺，「掌祭享、宴勞、酒醴、膳羞之事，……以聽於禮部」。鴻臚寺，「掌朝會賓客吉凶儀禮之事」，蓋要聽於禮部也。

（4）兵部。

尚書、侍郎如吏部。掌天下武衛官軍選授、簡練之政令。其屬有司務廳及武選、職方、車駕、武庫四清吏司，各置郎中、員外郎及主事。所轄有：會同館（郵傳）、大通關大使。

按：太僕寺卿「掌牧馬之政令，以聽於兵部」。

（5）刑部。

尚書、侍郎如吏部。掌天下刑名及徒隸、勾覆、關禁之政令。其屬有司務廳、照磨所、司獄司及十三司（省）清吏司。十三司各置郎中、員外郎，「各掌其分省（司）及兼領所分京府直隸之刑名」。

（6）工部。

尚書、侍郎同吏部。掌天下百官（工）、山澤之政令。其屬有司務廳及營膳、虞衡、都水、屯田四清吏司，各置郎中、員外郎、主事等員。所轄有：營膳所、文思院、皮作局、鞍轡局、寶源局、顏料局、軍器局、節慎庫、織染所、雜造局及盧溝橋、通州、白河各抽分竹木局、柴炭局，局各置大使。

二、大理寺

卿一人（正三品），左右少卿各一人，左右寺丞各一人，其屬有司務廳等。「卿掌審讞、平反、刑獄之政令」，「左右寺分理京畿及十三布政司刑名之事」。「凡刑部、都察院、五軍斷事官所推問獄訟，皆移案牘，引囚徒詣寺詳讞」。「猶不愜，則請下九卿會訊，曰圓審。已評允而招由未明，移再訊，曰追駁。屢駁不合，則請旨發落，曰制決。凡獄既具，未經本寺評允，諸司毋得發遣」。

三、通政司

通政使一人（正三品），左右通政各一人。明史卷七三職官志二云：

「通政司，掌受內外章疏敷奏、封駁之事。凡四方陳情建言，申訴冤滯，或告不法等事，於底簿內謄寫訴告緣由，齎狀奏聞。凡天下臣民實封入遞，即於公廳啟視，節寫副本，然後奏聞。即五軍、六部、都察院等衙門，有事關機密重大者，其入奏仍用本司印信。……凡在外之題本、奏本，在京之奏本，並受之，於早朝彙而進之。有徑自封進者，則參駁。午朝則引奏臣民之言事者，有機密則不時入奏。有違誤則籍而彙請。」

按：通政使司，以洪武十年置，其諭曰：「壅蔽於言者，禍亂之萌。專恣於事者，權奸之漸。故必有喉舌之司，以通上下之情，以達天下之政……今以是職命卿等，官以通政為名，政猶水也，欲其常通無壅遏之患。卿其審命令以正百司，達幽隱以通庶務。當執奏者勿忌避，當駁正者勿阿隨，當敷陳者勿隱蔽，當引見者勿留難。無巧言以取容，無苛察以邀功，無讒間以欺罔。」洪武十四年，又令：「本司職專出納，與內外諸司俱無文移，有徑行本司者以違制論。」二十六年又令：「凡有帝命，必當詳審，覆奏允當，然後施行。」

圖書集成卷三六五云：

「洪武、永樂間，實封自御前開拆，故奸臣有事即露，無倖免者。自天順間有投匿名書言朝廷事者，於是始有關防。然其時但拘留進本人，在官候旨，旨出即縱之，未嘗窺見其所奏事也。後不知始於何年，乃有拆封類進及副本備照之說。一有訐奏左右內臣及勳戚大臣者，本未進而機已洩，被奏者往往經營倖免，原奏者多以虛言受禍。祖宗關防奸黨、通達下情之意，至是無復存矣，可勝歎哉！」

是明初所有臣民奏章皆由通政司轉呈，初步拆封，後乃於公廳啓視，命寫副本，然後奏

聞。此一轉變影響明代政治者極大。（參看陶希聖、沈任遠明清政治制度P104引清文獻通考卷八二）

四、都察院

置左右都御史各一人（正二品），左右副都御史各一人（正三品），左右僉都御史各一人（正四品）。後不全設，多以其名銜加於外出之御史。下設十三道監察御史一百一十人（正七品）。御史威權甚重，百官畏伏，其巡按各司，稱為代天子巡狩。任用甚慎，犯罪加三等，有贓從重論。

五、五軍都督府

大都督府本前代樞密院，初置大都督一人，吳元年，罷大都督，以左右都督為長官。洪武十三年改都督府為五軍都督府，分領在京各衛所及在外各都司、衛所。五府者即左、右、中、前、後五軍都督府，每府置左右都督各一人，正一品；都督同知、都督僉事各二人，從一品。

春明夢餘録云：

「明以兵部掌兵政，而統軍旅、專征伐，則歸之五軍都督府。兵部有出兵之令，而無統兵之權；五軍有統兵之權，而無出兵之令。主將屬於五府，而兵又總於兵營。合之則呼吸相通，分之則犬牙相制。」

六、六科給事中

吏、户、禮、兵、刑、工六科各置都給事中一人（正七品），左右給事中各一人（從七品）。給事中各科員額不同（四人至十人不等），「六科掌侍從規諫、補闕、拾遺，稽察六部百司之事。凡制敕宣行，大事覆奏，小事署而頒之；有失，封還執奏」。其各科都給事中掌本科之印，故有掌科之稱。

吏科：會吏部引選官員，參與内外官考績。

户科：監光禄寺歲入金穀、甲字等十庫錢鈔雜物，糾田土隱佔、侵奪諸事。

禮科：監訂禮部儀制，核贈謚之典。

兵科：引選武官，如吏科之制。

刑科：查報罪囚數目，定期奏御。

工科：閲試軍器局，與御史巡視節慎庫，與各科稽查寶源局。「凡大事廷議，大臣廷推，大獄廷鞫，六掌科皆預焉」。凡「内官傳旨，必覆奏，復得旨而後行」。「主德闕違，朝政失得，百官賢佞，各科或單疏專達，或公疏聯署奏聞」。

日知録九「封駁」條：

「明代雖罷門下省長官，而獨存六科給事中，以掌封駁之任。旨必下科，其有不便，給事中駁正到部，謂之科參，（原注：若曰抄出駁之，抄出寢之，是也。）六部之官無敢抗科參而自行者，故給事中之品卑，而權特重。」

按：六科略如中古時代之諫官，而兼有稽察之權，故其職掌與都察院御史頗相近似。沈任遠曰：「給事中與御史均以諫諍監察為職。前者為科官、言官，後者為道官、察官，二者職務相類似，故常科道並稱。御史偏重察事，以一般行政為對象；給事中以拾遺補闕、封駁奏章為主，偏重言事。」

第四章　地方行政制度

明代就元之行省稍有劃分，京師（今河北、熱河、察哈爾）與南京（今江蘇、安徽）直隸於中央之六部成為北直隸、南直隸。兩京之外，分為十三布政使司，通常亦稱為省，曰山東、山西、河南、陝西（兼有今甘肅）、四川、江西、湖廣（今兩湖）、浙江、福建、廣東、廣西、雲南、貴州，今之省區大略定於此時。以省（司）轄府，或兼轄少數直隸州；府轄縣及屬州。凡州皆無倚郭縣，故亦為最低級之行政區劃，惟或別領縣或不領耳。而縣又以府轄者為多，州轄者較少。故為省（司）、府（或直隸州）、縣（或屬州）三級制，雖參有二級、四級，而比例甚少。茲作簡表如下：

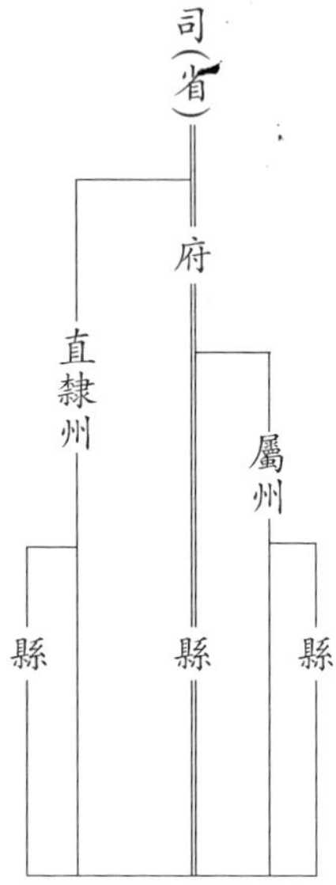

明又於各府、州、縣置衛及所，以統軍；邊疆或不置府、州、縣，僅置衛、所，兼治民事，是亦變相之行政區劃也。又西南各省有蠻夷處，置宣慰、安撫長官等司，統隸情形略與府、州、縣為比。

明制以六部、五軍都督府及都察院分掌政治、軍事與監察，為中央政府最重要機關，京師、南京直隸屬於中央，即由此三者管轄。其十三省（司）各置承宣布政使、都指揮使及提刑按察使，各為一司，合稱三司，以承望於中央之部、府、院。蓋鑒於元代行省之權太大，故仿宋制，不置元首性之地方長官，而置三司並立，以分其任。但大事則三司會議以聽於部（六部）、府（五軍都督府）、院（都察院），故雖分職，而實相關通。

布政司，一稱藩司。統府、州、縣民、財二政，尤以財政為主。其官有左右布政使各一員，從二品；左右參政、參議，無定員。其屬有經歷司，收發文移；照磨所，磨勘（檢核）卷宗；又有理問所、司獄司及倉庫等職。此司始置，與六部均重，布政使入為尚書；侍郎、副都御史每出為布政使。宣德、正統年間猶然，自後無之。蓋布政使司本為改行中書省而設，故初期司使地位甚隆也。

都指揮司，簡稱都司。統衛、所，掌軍事，以隸於五府，而聽於兵部。其官有都指揮使一員，正二品；同知二員，僉事四員。其屬有經歷司、斷事司、司獄司及倉庫、草場等職。十三省外，又置遼東、大寧、萬全三都司；而陝西、山西、福建、湖廣、四川又各置行都司，以分都司之職。

按察司，一稱臬司。掌司法、驛所，兼監察之任。其官有按察使一員，正三品；副使、僉事無定員。其屬有經歷司、照磨所、司獄司。

布政司之參政、參議與按察司之副使、僉事，皆分司諸道。道有三類：一為掌全省(司)某一事項之道。如督糧道各一員，以參政或參議領之；如提督學道、清軍道、驛傳道皆各一員(或清軍兼驛傳)，以副使或僉事領之；又有屯田、水利、鹽法、管河等道，或置或否。二為分區佐理之道。其由參政、參議領之，屬布政司者，謂之守道；其由副使、僉事領之，屬按察司者，謂之巡道。每省(司)守道、巡道各若干。(守道、巡道區域或同或否。)代表本司長官監臨本道區內之府州。此實為布、按兩司之分司，亦為司與府州間之承轉機關。三為分區而專掌一事之道。此以整飭兵備道為最多，少如湖南僅辰沅一道，多如陝西十二道；或專立，或以守道、巡道兼充，無定制。京師、南京兩直隸區，置道如十三省之制，然無布、按兩司，故繫銜於旁近諸省(司)之兩司。

明代前期，兩直隸十三省(司)之行政機構大抵如上所述。按察司雖兼監察之任，然究以刑獄為重。中央對於地方之監察，則有都察院遣派於各省之巡撫御史，官位甚微，而職權極大，考察地方大臣及府、州、縣官，而舉劾之，大事奏裁，小事主斷，時稱其職位「代天子巡狩」。其制蓋猶西漢中葉刺史，而權又過之。

中葉以後，又有督（總督）撫（巡撫）之制。總督之職偏於軍事，且終明世未形成定制，今不論。巡撫先亦因事而設，且多以御史任之，故奉使之性質居多。其後漸地方官化，諸省（司）各置一員，（十三省外尚有十餘員，轄區不及一省。）以御史銜兼提督（或贊理）軍務，掌全省軍民財刑諸政，三司行政皆報撫（巡撫）、按（巡按御史），於是巡撫儼然為都、布、按三司之長官。此與宋代制度演變之趨勢略同。蓋權分無力，突有事變不能應付，終不能不有一人總其成也。

府置知府一員（順天、應天兩京府之長官曰尹），掌統全府之政事。同知（兩京府置府丞）、通判無定員，分掌糧儲、農田、水利、清軍、巡捕、牧馬諸事。推官一人掌司法。其屬有經歷司、照磨所、司獄司等職。

州置知州一員，掌統全州之政事。同知、判官無定員。其屬有吏目一人。

縣置知縣一員，掌統全縣之政事。縣丞、主簿各一人（京縣丞、簿名額稍多），分掌糧、馬、巡捕事。其屬有典史一人，典文移出納，如無丞、簿則兼理之。

諸府、州、縣又於關津要害處置巡檢司，詰奸捕盜；置驛丞，掌郵傳；又有稅課、司局、倉庫、醫學等職。其儒學，則府有教授，州有學正，縣有教諭，皆置訓導以佐之。

第五章　仕途

一、三途並用

明人及明史皆稱仕進三途並用。明史卷六九選舉志一云：

「選舉之法，大略有四：曰學校，曰科目，曰薦舉，曰銓選。學校以教育之，科目以登進之，薦舉以旁招之，銓選以布列之，天下人才盡於是矣。明制，科目為盛，卿相皆由此出，學校則儲才以應科目者也。其徑由學校通籍者，亦科目之亞也，外此則雜流矣。然進士、舉貢、雜流三途並用，雖有畸重，無偏廢也。薦舉盛於國初，後因專用科目而罷。銓選則入官之始，舍此蔑由焉。」

是謂進士、舉貢、雜流三途，而國初又有薦舉一途也。同書卷七一選舉志三云：

「選人自進士、舉人、貢生外，有官生、恩生、功生、監生、儒士，又有吏員、承差、知印、書算、篆書、譯字、通事諸雜流。進士為一途，舉貢等為一途，吏員等為一途，所謂三途並用也。」

此所謂三途，與前條同，惟不敘國初薦舉之制。

按：進士乃科舉會試登第者；舉人謂各省鄉試録取送會試。落第而留學國子監者，亦稱舉監；貢生乃府州選府州學生送國子監習業者，亦稱貢監；官生乃高級官員蔭任子弟為國子生；恩生因特恩為國子生。貢生以下大抵皆為國子監生，惟來源各異。吏員以下皆小吏雜流。據此而言，進士獨為一途；舉貢等乃兼括一切國子監生而言，即監生為一途；吏員兼括一切流雜而言，為一途。而薦舉乃在三途之外。而日知録卷一五云：

「國初之制謂之三途並用，薦舉一途也，進士、監生一途也，吏員一途也。或以科（進士）與貢（貢生等，即指國子監生）為二途，非也。」（此據沈任遠明清政治制度所引，檢顧書，未得此條。）

是謂明初之制，進士與國監生為一途，薦舉、吏員各為一途。按：明初人才，以薦舉入仕為盛。且嘗罷科舉，專用薦舉。洪武十七年，「復行科舉，而薦舉之法並行不廢」。「由布衣而登大僚者，不可勝數」。自當視為仕進之一途。吏員雜流亦頗能遷任高級官吏，其為一途亦自無疑。明初，國子監生出任高級官吏者極衆：「洪武二十年，盡擢監生劉政、龍鐔等六十四人為行省布政、按察兩使及參政、參議、副使、僉事等官，其為四方大吏者蓋無算也。」史稱「其時，布列中外者，太學生最盛」。故此途之重要性決不在進士科目之下。且舉、貢監生亦由考試而得，而進士亦多由學校出身，性質相近，故得合視為一途也。是以論明代初年，自當以顧說為正。其後進士科目日益重，舉監、貢監日益輕，官生、恩生等更等而下之，吏員流雜亦然，而薦舉一途更就廢絕，故選舉志以進士、監生、吏員為三途也。途雖有三，而進士科目幾成獨佔之局。此種情形愈後而愈甚。選舉志一云：

「太祖雖間行科舉（指進士），而監生與薦舉人才參用者居多，故其時布列中外者，太學生最盛。一再傳之後，進士日益重，薦舉遂廢，而舉貢日益輕。……衆情所趨向專在甲科（進士），官途升沉，定於謁選之日。監生不獲上第，即奮自鏃礪，不能有成，積重之勢然也。」

此已見前後仕途盛衰之大略。茲續録數條如次：

葉向高曰：

「國家取士之途，蓋三變云。往在洪、永間，天造草昧，士各以所長奮，毋問所從來。時蓋有其人而無其格。宣、正、成、弘之世，文教大興，士品乃定。諸服大僚備胇腑者，彬彬然多制科（進士）之選矣。而負奇藴珍之失，亦間緣他途以起，上之人不為厄也。時蓋有其格而未嘗限其人。嘉、隆以來制科益盛，縉紳大夫十九其人。其以科貢外者，即有長材異能，多束於資，不得表現。時蓋格愈嚴而人始病。」（沈任遠明清政治制度引）

日知録卷一六「科目」條注：

「趙氏曰：有明一代最重進士，凡京朝官清要之職，舉人皆不得與。即同一外選也，繁要之缺，必待甲科（進士），而乙科（舉人）僅得遙遠簡小之缺。其升調之法，亦各不同。甲科為縣令者，撫按之卓薦，部院之行取，必首及焉，不數年即得御史、部曹等職。而乙科沉淪外僚，但就常調而已。積習相沿，牢不可破……明史邱橓疏云：『今薦則先進士，而舉監非有憑藉者不與焉。劾則先舉監，而進士縱有訾議者罕及焉。於是同一官也，不敢接席而坐，比肩而立。』賈三近疏言：『撫按諸臣遇州縣長吏，率重甲科而輕鄉舉。同一寬也，在進士則為撫字，在舉人則為姑息。同一嚴也，在進士則為精明，在舉人則為苛戾。是以為舉人者，非頭童齒豁不就選。』此可以見當時風尚矣。」

二、進士科第

(1)考試階次：

A. 鄉試：各省考試，子、卯、午、酉年八月舉行，中者曰舉人，第一名為解元。

B. 會試：明年，即丑、辰、未、戌年二月會集京師試之，第一名為會元。

C. 殿試：會試及格，三月由皇帝親策於廷，及格者曰進士，分為三甲。

(2)進士三甲：

A. 一甲三人：狀元、榜眼、探花，賜「進士及第」。

B. 二甲若干人：賜「進士出身」，第一名曰傳臚。

C. 三甲若干人：賜「同進士出身」，第一名亦曰傳臚。

(3)試題內容：專取朱注「四書」及易、詩、書、春秋、禮記「五經」命題。永樂間頒四書五經大全，廢注疏不用。

答題者須代古人語氣為之，體用排偶，謂之八股，通謂之制義。

(4)嚴格監試：此自宋以來，日見嚴格。彌封、謄録(墨卷即原考卷，書手謄録者曰硃卷)、搜檢、監門、考官入院、鎖門。每生有軍吏一人守之，謂之號軍。每場以一日為度，晚未納卷，給燭三枚。

（5）録取名額：

A．鄉試所取舉人名額，各省有定限，看續文獻通考卷三五。

B．廷試録取進士名額，初無定數，少者三十二人，多至四百七十二人。憲宗成化後率取三百名，得因特恩，增五十人或百人。

C．南北名額人分配。選舉志二：

「洪熙元年，仁宗命楊士奇等定取士之額，南人十六，北人十四。宣德、正統間，分為南北中卷。以百人為率，則南取五十五名，北取三十五名，中取十名。南卷，應天及蘇松諸府，浙江、江西、福建、湖廣、廣東；北卷，順天、山東、山西、河南、陝西；中卷，四川、廣西、雲南、貴州及鳳陽、廬州二府，滁、徐、和三州也。」

（6）進士敘官：洪武十八年選進士入翰林院。在院曰庶吉士，在六部、都察院、通政司等衙門者曰觀政進士。後來非進士不入翰林，非翰林不入內閣。

（7）科舉之弊：

A．考試內容限制太狹，使人囿於所習，多取腐儒，難得通才。且因太狹而易擬題傳習，他書一切不觀。（看日知録卷一六「擬題」條、「十八房」條。）

B．八股文體用排偶，重形式無内容，如同文字遊戲。首曰破題，次曰承題，次起講、次領題，次提比，次中比，次束比，終落下或大結。

三、任用

（1）任用方式。

「任官之事，文歸吏部，武歸兵部，而吏部職掌尤重。吏部凡四司，而文選（司）掌銓選，考功（司）掌考察，其職尤要。」（明史選舉志三）

文選清吏司「掌官吏班秩遷升、改調之事。……凡文官之品九，品有正從，為級一十八，不及九品曰未入流。凡選，每歲有大選，有急選，有遠方選，有歲貢就教選，間有揀選，有舉人乞恩選。選人咸登資簿，釐其流品，平其銓注，而序遷之」。（明史職官志一）

任用方式甚多，最要者有「特旨」「推升」「常選」。皇帝「特旨」多為高級大官；「推升」亦然；「常選」為中下級官吏。

A．推升。

「内閣大學士、吏部尚書，由廷推，或奉特旨。侍郎以下及祭酒，吏部會同三品以上廷推。

太常卿以下，部推。通參以下，吏部於弘政門會選。……在外官，惟督撫廷推，九卿共之，吏部主之。布按員缺，三品以上官會舉，監司則序遷。」（明史選舉志三）

B．常選。

「在外府、州、縣正佐，在內大小九卿之屬員，皆常選官。選授遷除，一由吏部。其初用拈鬮法，至萬曆間變為掣籤。」（同上）

（2）任用限制：

A．前述進士、舉貢前途，判若天淵，即資格限制顯著。其後限格日嚴，只論資格，不論人才，流弊極大。

B．籍貫限制：

甲，浙江、江西兩省人，蘇州、松江兩府人，不得任户部官。

乙，同一籍貫往往不得在同一機關任職，此當指同機關之要缺而言。

丙，地方官自巡撫布按以下，乃至甚卑末之職，皆不用本籍人，惟學官例外。

沈任遠明清政治制度：「萬曆時，高拱上疏：『國家用人不得官於本省。惟有民社之任者則然耳，若大學、倉、驛遞、閘壩等官，其官甚卑，其家甚貧，一授遠地，或棄官不赴，或去任而不能歸，零丁萬狀，其情可矜。宜照教官例，酌量近地銓補。』日知録卷八載：『今定令，教授等官不選本郡（府州），典史以上不選同省。』」

第八編　清代

第一章　中央政府組織概況

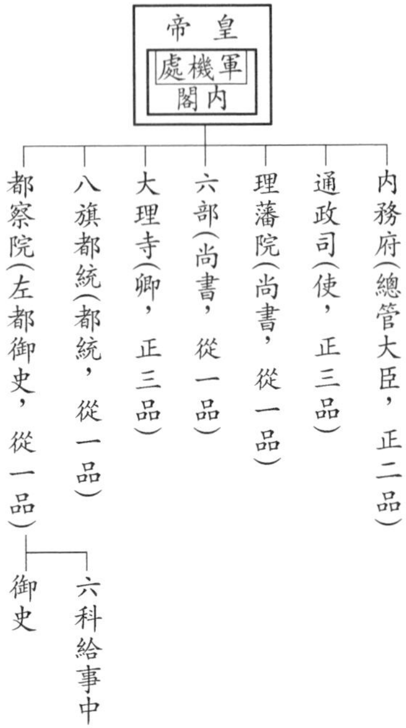

清初左都御史與六部合稱七卿，加理藩院合稱八衙門。大理卿與六部、通政司亦通稱

九卿。

清代中央政府組織上與明制不同處：

A．形成軍機處，為内閣核心機關。

B．六科給事中移隸都察院。

C．廢五軍都督府，以八旗都統統旗兵。

D．增置理藩院。

E．特置内務府。

用人特點：理藩院尚書皆以滿人、蒙古人為之。其餘各機關兵官除八旗都統外，皆滿人、漢人各一員，屬官亦滿漢並列。

第二章 由親王議政到專制極權

一、清初之合議政體與議政大臣

清初建國於關外，其政體本於八旗兵制。八旗兵制初設四旗，以旗色為别，曰黄，曰紅，曰藍，曰白；後增四旗，參用其色而鑲之（幅之黄、白、藍者，鑲紅緣；幅之紅者，鑲白緣），共為八旗。八旗旗主稱為八固山王。大事由八固山王合議，故類似於合議政體。而推擇一個有才德能受諫者為此合議組織之「主席」，即為汗。此本由部落社會推選部族酋長之制承襲而來。

太祖之世，八固山王中，其强者為四大貝勒，較弱者為四小貝勒。太宗皇太極即汗位時，大貝勒代善（帝長兄）、二貝勒阿敏（帝叔舒爾哈齊之子，帝堂兄）、三貝勒莽古爾泰（帝兄）參議政事。凡朝會，三個貝勒列坐左右。此正見四人聯合統治，非定於一尊。後來太宗各個剷除，合議制度遂告解體。太宗始即帝位，國號大清。然部族勢力仍極强。及順治即位，多爾袞以攝政王當政，親王權勢之强可知。然多爾袞政治才能極高，致力集中政權之政策（如罷諸王貝勒管理部院事務)，使後世皇帝專制得到不少便利。順治親政繼續推行多爾袞政策，但亦有所改變，皇權得以更加鞏固。順治前議政大臣多選自武職，順治時雖然仍有議政大臣，但自順治始滿蒙大學士及尚書等文臣亦得與議政大臣之選，且其任用權操之於君主，故與初期大不相同。至雍正創建軍機處，皇帝權力更加集中，逐步推行其專制制度，達到中國歷史上君主專制之最高點。

二、清代專制

明代廢宰相，由皇帝兼任，直統諸政務分職機關，在制度上講，仍可謂是正常的，只是皇帝兼宰相之任，精神體力不能負荷，發生很多毛病。清代則更進一步，表現在行政上有很多不合理不合法制的現象。

(1)皇帝「寄信上諭」由軍機大臣承皇帝意旨擬定後，不經相關部、院大臣過目，直接送到受命人(其發出雖由兵部，但兵部不能看)。

(2)各部尚書滿漢各一人，皆向皇帝論事，侍郎亦直接向皇帝論本部事，不受尚書節制。結果各部、院長官不能辦事，一切聽皇帝指揮。

(3)除中央之部、院長官與地方之督、撫、藩、臬外，他人不能專摺言事，翰林院亦不例外，庶民更無上言之可能。以視明代之廣開言路大不相同。

（4）任官引見——大臣任命由皇帝個人決定，吏部不知道，亦無「廷推」之制。下級官員由吏部授任，但須引見，表示出於皇恩授予。

（5）給事中雖有其官，但已無封駁權。

（6）府、州、縣學明倫堂置臥碑，規定：

A．生員不得言事；

B．不得立盟結社；

C．不得刊刻文字。

此即禁止言論自由、結社自由、出版自由。

乾隆書程頤論經筵劄子後云：「使為宰相者居然以天下之治亂為己任而目無其君，此尤大不可也。」（此節取自錢穆先生歷代政治得失）

第三章　軍機處

沈任遠曰：

「滿清入關後，仍以內閣總理政務。內閣大學士官至一品，位尊權重。自雍正七年（1729）設立軍機房，後改為軍機處，內閣大權漸為所奪，內閣雖仍掌票擬，但重要大事均由軍機大臣承旨處理。在內閣、軍機處之外，有時逢幼主即位，設置攝政王，如順治時的多爾袞、宣統時的載灃；或者另選輔佐大臣，如順治時的議政王大臣、康熙時的輔政大臣、乾隆時的總理王大臣、同治時的贊襄王大臣，權力均在內閣或軍機處之上。不過這都是臨時設置，不是常制。日常總理政務的，還是內閣與軍機處，而軍機處的地位尤為重要。」

趙翼軍機處述：

「軍機處本內閣之分局，國初如前明舊制，機務出納悉關內閣。其軍事付議政王大臣議奏。康熙中，諭旨或有令南書房翰林撰擬，是時南書房最為親切地，如唐翰林學士掌內制也。雍正年間，用兵西北兩路，以內閣在太和門外，儤直者多，慮漏洩事機，始設軍需房於隆宗門內，選內閣中書之謹密者入直繕寫。後名軍機處。地近宫廷，便於宣召。為軍機大臣者，皆親信重臣，於是承旨出政皆於此矣。」（清朝續文獻通考卷一一八）

按：太和門為紫禁城內首重正門，門外非內庭深嚴邃密之地。隆宗門位保和殿之後側，乃城中禁門，非奏事人待旨及皇帝宣召，雖王公大臣不許私入。（傅宗懋書引嘯亭雜録卷四）

清史列傳卷七五：雍正八年，大學士張廷玉直軍機。「廷玉定規制，諸臣陳奏，常事用疏，自通政司上，下內閣擬旨。要事用摺，自奏事處上，下軍機處擬旨，親御硃筆批發。自是內閣權移於軍機處，大學士必充軍機大臣始得預政事，日必召見，入對承旨平章政事，參與機密」。（沈任遠明清政治制度P47引）

清朝續文獻通考卷一一八：

「世祖章皇帝視政之初，即日至票本房，大學士在御前票擬。康熙中，雖有南書房擬旨之例，乃機事仍屬內閣。雍正以來，本章歸內閣，機務及用兵，皆軍機大臣承旨，天子無日不與大臣相見。」

王昶軍機處題名記：

「其職掌在恭擬上諭，及內外臣工所奏有旨敕議者，審其可否以聞；又外臣章奏，書為副以藏之。蓋本朝諭旨、誥命，其別有四：凡批內外臣工題本常事謂之旨；頒將軍、總督、巡撫、學政、提督、總兵官、榷稅使，謂之敕，皆由內閣擬撰以進。凡南、北郊時享、祝版，及祭告山川予大臣死事者祭葬之文，與夫后妃、宗室、王公封册，皆由翰林院撰擬以進。然惟軍機處恭擬上諭為至要。上諭亦有二：巡幸、上陵、經筵、蠲賑，及內臣自侍郎以上，外臣自總兵、知府以上，黜陟、調補暨曉諭中外，謂之明發上諭（廷寄）。誥誡臣工，指授兵略，查核政事，責問刑罰之不當者，謂之寄信上諭（廷寄）。明發交內閣，以次交於部科。寄信密封交兵部用馬遞。其內外臣工所奏事經軍機大臣定議取旨，密封遞送亦如之。然內而六部各卿寺暨九門提督、內務府太監之敬事房，外而十五省……迄於四裔諸屬國，有事無不綜彙。且內閣翰林院撰擬有弗當，又下軍機處審定。故所任最為嚴密繁鉅。」（清朝續文獻通考卷一一八）

按：「明發上諭」、「寄信上諭」（又稱「廷寄」），皆由軍機處起草。後者事涉機密，未便公開，不但由軍機處撰擬，且由軍機處寄發。又參看同書同卷引趙翼軍機處述「廷寄諭旨」事甚詳。

清代各衙門皆有章則，惟軍機處則無，蓋皇帝之機要祕書處，一切奉命行事，無固定職掌也。軍機處組織極簡單，僅軍機大臣及軍機章京。軍機大臣於滿漢大學士、尚書、侍郎、京堂內特簡，無定員，但要在三人至十人間，以四至七人為最經常。其用人，滿漢雖有差別，但滿多於漢的情形並不嚴重，但實權則多在滿人。章京為大臣之部屬，亦滿漢各半。下級各職員亦多由內閣調充。

第四章

（本章因原稿本無，尋覓無著，暫付闕如。倘日後覓得，再行補入。見諒。）

第五章　地方行政制度

清初的地方行政制度全承明制，其後稍有變革，然大體不失明代後期之體系。兹略述如次。

清初入關，省制皆因明舊，惟以直隸為省，又改南直隸為江南省。康熙初，割陝西置甘肅，分江南為江蘇、安徽，分湖廣為湖北、湖南，是為本部十八省。光緒間置新疆省，而東北三省亦改制如本部，凡二十二省。其他内外蒙古、西藏、青海皆為特别區。以省轄府及直隸州、直隸廳，府轄縣及州、廳，直隸廳領縣、州，直隸州亦領縣。統隸情形亦與明略同，惟府屬之州不别領縣（末年府又無倚郭縣），又有廳之名目耳。

省之設官，以巡撫統布、按兩司，官員如明制。康熙帝損布政使一員，以一事權。布司之參政、參議與按司之副使、僉事本亦分領守道、巡道及糧鹽、督學、驛傳、兵備各道如明制，雍正間省督學道，置提督學政直屬中央，以重學官。乾隆十八年省參政參議、副使僉事等銜，定諸道員為正四品，使專其任。巡撫在明末已地方官化，至清益成定制（非省區之巡撫并廢不置），為行省之真正長官。然總督之制亦逐漸形成，其轄區多為兩省，如閩浙、湖廣、兩廣、

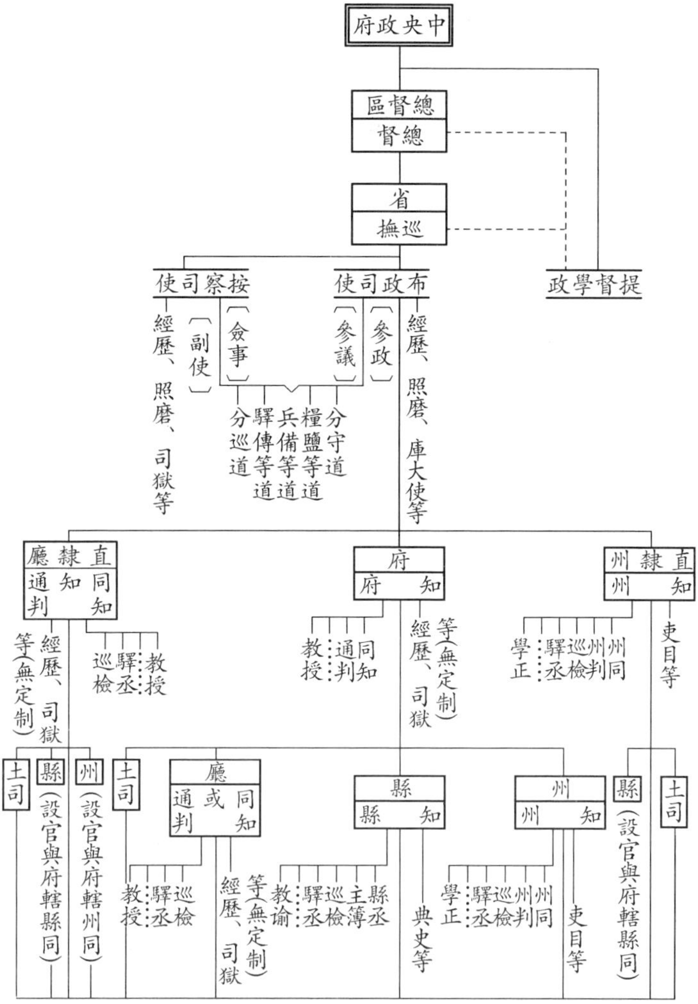

清代地方行政組織系統圖

雲貴、陝甘（末葉兼轄新疆）五總督是也；有轄一省者，如直隸、四川兩總督是也；有轄三省者，如兩江、東三省兩總督是也。轄一省者例兼巡撫，轄兩省、三省者或兼所治省之巡撫，或不兼。總督本掌軍事，而有節制巡撫之權；巡撫本掌吏治，而亦常兼提督軍務，職權幾不能分，結果總督所駐省之巡撫僅守虛名而無實權，即分省者，軍民諸政亦聽總督主裁。客觀形勢雖如此，然巡撫亦多不甘徒擁虛名，故中葉以後督、撫爭權不和更時有之，郭嵩燾、薛福成論其弊詳矣。同治元年，始諭與總督分省之巡撫主裁軍民諸政，而同省之督、撫仍權職不分，爭端時起。自明初各省置布政司統府、州、縣，其後置巡撫，而布司失權，除財政外幾等於巡撫與府、州間之承轉機關。清又以總督專制地方，巡撫亦失其權，徒使公文又多一層承轉耳。

府置知府一員，從四品。其佐官有同知（正五品）、通判（正六品），或一兩人、或三四人，亦有不置者，分掌糧運、捕盜、屯田、水利、江防、海防、清軍、理事、治農、牧馬諸事，因事立名，分駐佐理，亦有與知府同治者，推其性質略如布政司之有參政、參議分守各道以佐布政使也。知府屬官略同明制，惟無推官。

縣有知縣一員，正七品。其佐官有縣丞（正八品）、主簿（正九品）各若干人，分駐各地，分掌糧馬、征稅、户籍、巡捕、河防諸事，比府之同知、通判。其屬官有典史一人（未入流），掌稽檢獄囚，如無丞簿，則兼領其事。有巡檢，詰奸捕盜，凡關津要害皆置之。有驛丞，掌郵傳迎送。有閘官掌潴洩，税課司典商税，河泊所收魚税。知縣、典史為常員，餘視事之繁簡而省置。

府之同知、通判有以撫民、理事為名專管一地區者稱為廳（據地志多在邊疆或有蠻夷之地），廳之地位與州、縣同，然亦有直隸於省者，制同直隸州，稱為直隸廳。凡廳亦量置經歷、照磨、司獄、巡檢一兩員，亦有不置者。

直隸州知州一員，正五品，職與知府同，惟無倚郭縣，故知州兼具知府、知縣兩重身份。其佐官有州同（從六品）、州判（從七品），其性質職掌如府之同知、通判。其屬有吏目掌司奸盜、察獄囚、典簿録，又有巡檢、驛丞等官。普通之州（屬州）不領縣，此大别於明制者。知州從五品，職與知縣全同。佐官亦有州同、州判，職如縣丞、主簿。屬官亦有吏目，職如典史，巡檢、驛丞以下并與縣同。知州、吏目為常員，餘亦省置如縣。

凡府、州、縣皆置儒學之官，并如明制，廳亦比府置教授、訓導。其職蓋亦隸府、州、縣而聽於提督學政。

清代地方行政組織為中國舊式制度之最後形式，兹亦作組織系統圖如上。

光緒末至宣統年間，大改地方行政組織。清自中葉以後，布、按兩司就法制言，雖仍直隸於中央，然事實上漸演變為督、撫之僚屬，而督、撫又以事權衝突，争衡不睦。故此次改革即針對此種情形而加以調整：凡巡撫之與總督同省者裁之，俾總督專主省政；凡巡撫之與總督分省者仍主裁省政，所謂總督隸轄不過行文關白而已。於是主省政者非總督即巡撫，專權統一，免督、撫不和貽誤政事之弊。又以法制承認督、撫為全省元首性之長官，諸司諸道皆其僚屬。其時各省總督或巡撫最重要之直屬機關為三司二道：曰布政使司，或稱度支使司，掌財政；曰提學使司，改提督學政置之，掌教育；曰提法使司，改按察使司置之，掌司法行政，并監督各級審判廳、檢察廳及監獄等。曰勸業道，掌農工商礦及驛傳交通；曰巡警道，掌巡警保安。又或置民政使司、交涉使司，非通制也。司、道皆置公所，分若干科，置科長、科員分理衆務。現在省制之規模實始於此。諸縣知縣以下置警務長及視學、勸業、典獄、主計等員各一人。府、州、廳之制其分職大略同於省、縣。

附　中國地方行政制度　第九節　約論

中國歷代地方行政區劃與組織粗述如上。今略加議論，兼及秩禄與人才選用。

（一）行政區及行政權

綜觀上述歷代地方行政區劃有三點值得注意：

第一，歷代多為三級制，或參以二級，或參以四級，有同時參以二級、四級者；惟秦漢為郡、縣二級制，且無參差，區劃等級最簡明，上下行政易於貫徹，少承轉之弊。

第二，無論等級與名稱如何變動，但恒以縣為最低級行政區，二千餘年迄今不變，惟宋以後間參以軍、監、州、廳之名而已。縣之數額通常在一千至一千五六百之間，幅員大小亦少變動。

第三，縣之幅員雖少變動，而上層區劃則變動極大。少而大者如漢末之州、魏晉南北朝之都督區、宋之路、元明清之省，皆僅十餘單位；多而小者如隋之州（郡）約近二百，唐前期之州（郡）數逾三百，惟漢代郡國通常在一百上下，最為得中，秦郡四十餘亦未為太大。政區過小，則財薄力弱，不能保安興業。政區過大，弊端尤顯，若分其權任如宋制，則專權不一，政事留滯；若總其事權於一人，則易啓跋扈之端，如漢之州牧、魏晉南北朝之都督、元之省平章事、清之督撫，皆其顯例。故合而觀之，當以秦漢郡制最為得中。蓋其時郡守之行政權最為完整，至有「州郡記如霹靂，得詔書但掛壁」之諺。事權統一，賢者能展其長才，無所牽制，故能有高度之行政效率；然亦惟郡區不太小，民力財力足供郡守運用以保安興業，邊郡遇有外忤且可獨當一面。亦惟郡縣不太大，故雖事權極專而不足為亂；迨州牧之制形成，而割據之患起矣。

（二）組織

歷代各級地方政府大抵採取「元首性之長官制」，惟最高層地方政府偶有例外，如宋之路分漕、憲、倉、帥四司，明之省分都、布、按三司，是也。此非佳制，不足法式。至於佐官組織，漢代分職最細，唐代分職甚簡，但皆屬於分曹分職一類型，與現代行政組織為近。自唐中葉節度觀察之制興，其佐官有副使、支使、判官、推官等名目。兩宋承之，以京朝官權知地方長官事，其屬官亦為使職，權宜分判衆務，而此等使職之名號與分判之職務無相當之聯繫性。其後因循，遂為定制，雖分職釐務，而組織機構則不分科曹，使人觀其官名不能略知其職掌，此又一類型也（清代幕賓頗亦分科，然非正式組織）。此種無明確分科之組織，實為中國地方行政制度史上之一退化現象，清末改革，始稍事廢革。

（三）秩禄

秦漢時代各級地方政府，上自首長下迄屬佐小吏，皆有一定而正式之俸禄。其後制度日壞，至清代，除首長與有品級之主要佐官外，概無正式俸禄。以縣為例，知縣七品，每年奉銀四十五兩；主簿、巡檢九品，每年奉銀三十三兩餘；典史未入流，每年奉銀三十一兩餘；此外一切役吏皆無正式俸禄，幕賓由知縣私聘，更不待言。知縣每年奉銀四十五兩，每兩約合抗戰前十二元，即每月四十五元，以付幕賓尚且不敷，家用何以維持，且辦公諸費、役使開支都無正式銀款。在此種情形下，各縣自闢財源，搜括民脂，成為公開之祕密。賢者不以為恥，貪者剥削無度，役吏更以敲詐為應有之權利，官吏均成豪富，平民不堪其苦。此為極大之弊政，亦中國地方行政制度史上之一退化現象也。

（四）人才運用

歷代地方吏治當以兩漢最為優良，此千古定論，無人否認者。余嘗推求其故，除行政權完整、行政區得中及組織完備、俸禄有定等優點外，尤要者當爲人才運用制度之優良。漢代人才運用制度之優良，可由官吏升遷之途徑與地方官吏籍貫之限制兩方面觀察之。

先言升遷途徑：漢代最重地方官，除少數特殊關係外，不經地方官吏，不能官至公卿。大抵士人必先仕於本郡、縣為掾史小吏，獲鄉譽後，由郡國守相舉為孝廉，或由州刺史舉為茂才，皆至中央任郎吏，習律令，觀國光，然後復出為縣令、長、丞、尉。縣令可直遷刺史守相，或再入為大夫、議郎、侍郎等職，再出為郡國守相，擢高第為九卿，亦有由守相直遷三公者。此種遷升制度有足稱者：官吏任職，出入內外，外試庶政，熟察民情；內觀國光，諳習制程。可使政令與民情之隔膜大為減少。又下吏與宰輔雖地位懸絶，而階品不繁。庸才溺職無顯著之成績者不易倖進，而高才異等有顯著之成績者，遷升至速。多有郡縣小吏舉孝廉為郎吏，十餘年間四五遷而至公卿執國政者，故賢者能盡其才，無下滯之弊。且下吏既為達官之初階，是以鄉亭小吏，倘能奮發，即有公卿之望，故有遠志者必自近始，人才佈於四方。群以績效自見，品操自勵。漢世嗇夫亭長有治績卓然遠近稱美，名顯吏册者，不知凡幾，其故在此。漢世地方吏治之優良亦以此為最大原因，非偶然也。後世達官與小吏為截然之兩途，一為小吏，便為士大夫所不齒，且永淪下僚，罕有能升進者，故意志消沉，貪婪自棄；不僅小吏也，即州縣長官亦幾無宦達柄政之希望。而達官皆自高級科第出身，對於政事民情毫無所知。且達官既必由科舉出身，故賢士目光群聚中央，鄙夷鄉里，地方根本無人才可用。在此種上闇下姦而地方又無人才之情形下，欲求吏治優良豈可得耶？

至於籍貫限制，考其法規可得四條：

（1）中央任命之各級長官、監察官不用本籍人（州刺史不用本州人；郡守國相等不用本郡國人;縣令、長、丞、尉不但不用本縣人，且不用本郡國人)。惟西漢之司隸校尉、京兆尹、長安令丞尉不在此限。

(2)後漢中葉以後，又有「不得相對監臨法」及「三互法」。

(3)監官、長官自辟用之屬吏必用本籍人。惟京畿郡縣可例外。

(4)郡(國)督郵分部督察屬縣，用本郡(國)人，但不用所督諸縣之人;州之部郡從事，用本州人，但不用所部之郡人。觀此四條，一言以蔽之曰:長官、監察官必避本籍，屬吏必用本籍，其他則由此推申耳，惟京畿不在此限。自武帝以後，此項法規執行極為嚴格，絕不通融，對於吏治之影響亦極大。蓋人情比周，鄉黨尤然，當官擇吏，每先鄉里，此古今之同病也。今嚴制以來，使長官、監察官單車蒞任，不能任用私人。然此猶消極者。常情自私好利，其次好名，既不能任用私人，則擇吏較能有客觀標準，樂選賢能，與共圖治。而長官對於屬吏有絕對任免權，故能絕對控制，決不因吏非親信而有所掣肘。且郡縣制度本為中央集權下之產物，長官由中央任命他郡之人，尤見中央集權之形式;然一府之吏數百人乃至千人皆本籍人，而能與長官合作無間，故長官得諳習物情，因地敷治，責績下吏，垂拱總成，以中央集權之形式，宏地方自治之實效。凡此種種足以促成吏治之優良。南北朝以後，此種良法美意完全破除，或由長官任用私人，或由中央一概任用他籍之人，對於本地政情毫不瞭解，此對於地方吏治勢必有不良之影響，自不待言。凡此種種，皆足説明漢代地方吏治之優美所以卓絕千古，非偶然也。

（嚴耕望中國地方行政制度，中國政治思想與制度史論集，一九五三）

後記

中國政治制度史綱，嚴師歸田先生曩昔授課之講義也。一九六四年，先生自臺赴港，任教於香港中文大學新亞書院研究所，嗣後多以中國政治制度史及中國歷史地理兩門學科授課，此書即為多年來講授國史政治制度之講稿，乃先生手書編纂，上課時派予諸生之講義者也。

先生治史嚴謹，夙為史學界所稱述，此稿與其昔日之專篇考證文章或專著，固大異其趣，故多年來皆置諸笥篋，未曾出版。會上海古籍出版社擬出版先生著作，此稿亦為考慮之列，故余徵諸廖伯源先生、謝興周、官德祥、祁志偉諸兄，匯集成帙，由谷玉女史負責編輯。初，伯源先生嘗以此書乃授課講稿，所述者或未曾細考，與歸田師前此諸專著有異，出版以後，恐有損歸田師清譽。雖然，余以此稿乃授課講義，其於青年學子之認識國史政制，至為便捷；況前輩學人出版生前授課講義，所在多有，故今日出版歸田師中國政治制度史綱，雖不敢謂嘉惠學林，庶亦可視為反映先生生前著述之紀錄也。

今人月旦前輩，每以後事論前事，取作者後期作品以論其學生時代少作。此稿既為先生生前著述紀錄之反映，則篇內所述，容有異於今日學人所考論者，洵可作為先生治史經驗之歷程也。會谷玉女史寄來此稿排印樣本，並求索出版後記，余以塵事鞅掌，兼時間逼迫，遽請得伯源先生校閱，又蒙囑託，爰略述其出版緣由以為記。

二〇一三年十一月二十日凌晨

受業李啟文謹識